JN209208

写真アルバム

大垣市の昭和

色彩の記憶

――カラー写真でたどる郷土の昭和

▲大垣駅改築工事　大垣駅の先代駅舎は、大垣空襲の災禍をくぐり抜けた数少ない建築物であったが、老朽化等で長年にわたって改築が望まれていた。市議会、市民が一体となって根強く要望し続けた結果、ようやく昭和60年に新駅舎が完成し、翌61年には駅ビル・大垣アピオも開業した。「アピオ」という愛称は、快適さ（Amenity）、人々（People）、情報（Information）、大垣駅（Ogaki station）の頭文字をとったものである。〈高屋町・昭和60年・提供＝長澤均氏〉

▲**先代の大垣駅舎**　昭和15年築で、木造タイル張りのスマートなものであった。昭和20年の大垣空襲では一部を焼失したものの、改修されながら半世紀近く西濃地域の表玄関として市民に親しまれた。〈高屋町・昭和49年・提供＝佐久間敏雄氏〉

▶**大垣駅前にあった亀の池**　駅前広場の噴水池にはたくさんの亀が泳いでいたことから「亀の池」の愛称がついた。亀の甲羅にはペンキで店名や屋号が書かれて見る人を和ませ、市民の憩いの場所となっていた。「噴水」は大垣出身の彫刻家・中村輝の設計であった。〈高屋町・昭和50年頃・提供＝渡邉和子氏〉

▶祝樽見鉄道開業　大垣駅から駅前通りを見る。国鉄樽見線の工事は昭和10年から開始されており、戦争による中断を経て、同31年に大垣～谷汲口間で開業した。その後、国鉄の赤字ローカル線を引き受ける「第三セクター鉄道」として59年、樽見鉄道として発足し、樽見鉄道樽見線となった。〈高屋町・昭和59年・提供＝長澤均氏〉

◀興文中学校屋上から伊吹山を望む　写真やや左に3本並ぶ煙突は日本耐酸壜工業のもの。中央の鉄塔の右は御首神社の社叢である。〈大垣市内・昭和31年・提供＝佐久間敏雄氏〉

▶八兵衛橋付近から北を望む　国道258号沿いが発展を始めた頃の風景。交通量の増加による事故防止のため、センターラインに防護柵が設置されていった。左の高い建物は大垣信用金庫。〈築捨町・昭和40年代後半・提供＝河合孝氏〉

▲**建設中の市立図書館**　四階建ての新しい図書館が完成したのは昭和55年。市民による献本運動が行われ、移動図書館いずみ号も引き継がれて活躍した。手前は国体水球会場にもなった市民プールである。〈室本町・昭和54年・提供＝長澤均氏〉

◀**松栄堂ビル**　郭町にあった。松栄楽器やヤマハピアノ、エレクトーン教室の看板があがる。ビルの後ろには、昭和44年に開店したグランドタマコシ大垣店の屋上観覧車。ゑり正南店とある一帯は、今は名水大手いこ井の泉緑地となっている。〈郭町・昭和46年・提供＝横幕孜氏〉

▶レンゲ満開の水田　レンゲは、緑肥や蜜源作物として欠かせないものだった。火の見櫓《やぐら》や金生山から見るレンゲの赤に、菜種の黄、大根の白といった花々の彩りは、まるで天国の絨毯模様のようだ。〈加賀野・昭和59年・提供＝長澤均氏〉

◀美濃路と旧塩田橋　美濃路の杭瀬川に架かる塩田橋の西詰に、市重要文化財である「塩田の常夜燈」が、行き交う人を見守っている。この付近にはかつて塩田湊があり、河川敷は梨畑、そして蛍の飛び交う名所でもあった。〈静里町・昭和59年・提供＝長澤均氏〉

▶景観を変えていく金生山　江戸時代から石灰石や大理石を産出した「金の生まれる山」。海抜217メートルの丸かった山は、採掘によりかたちを変えながら地域の産業に貢献してきた。「化石の山」としても知られ、日本の化石研究発祥の地と呼ばれることもある。〈赤坂町付近・昭和59年・提供＝長澤均氏〉

▲大垣駅改築時の駅前通り　昭和61年の駅前通り。大垣の表玄関と大垣共立銀行（写真右上）を結ぶメインストリートである。この年に駅ビル・大垣アピオが開業し、翌年には駅前広場も整備された。前年には戸田公入城350年祭で武者行列や大パレードが繰り広げられた。〈高屋町・昭和61年・提供＝長澤均氏〉

▼整備中の四季の広場付近　昭和48年に大垣市緑化推進条例が制定され、市中心部を流れる水門川沿いの整備事業が進められた。同60年度までに四季の花木が植えられた四季の路や四季の広場などが完成した。〈俵町・昭和61年・提供＝山村敏朗氏〉

▶水防倉庫と新幹線　杭瀬川の左岸堤防にあたる大垣輪中西堤に、水害に苦しんだ地域ならではの郷倉（水防倉庫）が夏草に囲まれて建ち、東海道新幹線がその大垣輪中の真ん中を突っ切るように走っている。まるで新旧の輪中景観を対比したかのような一枚である。〈青柳町・昭和 60 年・提供＝長澤均氏〉

◀鹿島橋　大垣競輪場の南側、新規川に架かる鹿島橋を東詰から撮影。現在の橋と同じで、景観も大きく変わっていない。〈鹿島町・昭和 63 年・提供＝梶川靖彦氏〉

▶輪中堤防旧堤　牧田川左岸堤防は、河川拡幅工事で約 100 メートル引き下がって築堤され、横曽根集落の寺社や民家の多くが移転した。〈横曽根・昭和 52 年・提供＝長澤均氏〉

団子の屋台　チリンチリンと音を鳴らしながら団子の屋台がやってきた。当時は1本10円だった。〈二葉町・昭和42年・提供＝佐久間敏雄氏〉

旧大垣市民プール　かつては大垣商業高校プールだったが、同校の移転により市民プールとして整備された。スイトピアセンターの場所にあった。現在の市民プールは平成元年、新田町に完成している。〈室本町・昭和47年・提供＝浅野誠氏〉

小泉町民運動会
小泉グラウンドで開かれた。まだ整備途中で、地面は荒く、ぬかるんでいる。〈小泉町・昭和56年・提供＝説田武紀氏〉

▶長円寺の稚児行列　稚児装束に身を包んだ子どもたちが、列をなして参道を行く。稚児行列は、灌仏会（釈迦の誕生を祝う行事）など寺の慶事、あるいは神社の祭礼の際に出る。〈荒尾町・昭和49年・提供＝加藤まり子氏〉

◀梨の直売所　8月～9月にかけての風物詩である。梨の生産農家は、早朝から家族総出で「朝取り」「選別」「箱詰め」「小売」「発送」と大忙しでうれしい悲鳴。客は幸水や豊水などの味比べもお楽しみ。〈南若森・昭和60年・提供＝長澤均氏〉

▶大垣競輪場でのドミフォン練習　昭和51年、イタリアで世界選手権自転車競技大会が開催された。写真は、そのプロドミフォン競技に出場する選手の練習風景。ドミフォンとはトラックレースのひとつで、オートバイのペースメーカーと自転車の競技者が二人一組となって、自転車がオートバイを追走しながらトラックを周回し、完走順位や走行距離などを争う競技である。第1回大会から行われていたが、平成6年を最後に廃止された。〈早苗町・昭和50年頃・提供＝加納喜長氏〉

▲**大垣市立総合体育館**　昭和53年に市制60周年を迎えた大垣市は、三大記念事業として図書館、総合体育館、斎場を建設した。写真は建設中の総合体育館で、昭和55年2月に完成した。〈加賀野・昭和54年・提供＝長澤均氏〉

▼**赤坂産鉄鉱による奉納たたら**　壬申の乱の武器供給にも関係すると伝わる金生山産の赤鉄鉱。その最後の赤鉄鉱を原料にした新刀のための玉鋼《たまはがね》づくりが垂井町の南宮大社で行われた。古代の製鉄技術や武器製造の実証実験でもあった。この時作られた刀の一振りが郷土館に展示されている。〈不破郡垂井町・昭和59年・提供＝長澤均氏〉

▶▼**松尾芭蕉むすびの鐘の竣工**　昭和 60 年に初代の奥の細道むすびの地記念館が開設された。船町港周辺も修景整備され、翌年には「むすびの鐘」が大垣東ライオンズクラブより寄贈された。〈船町・昭和 61 年・提供＝長澤均氏〉

▲◀**十万石まつり**　大垣藩主を祀る常葉神社の例祭を起源とする祭りで、現在は体育の日前日の日曜日に開催されている。上写真は常葉神社の神輿、左写真は大垣城前の武者行列。〈上：郭町・昭和 46 年・提供＝横幕孜氏／左：郭町・昭和 47 年・提供＝杉原幸夫氏〉

◀**大垣祭**　大垣八幡神社の例祭で、13輌の軸が出る。写真は愛宕神社に挨拶して出発する船町の玉の井軸。愛宕神社は寛永13年（1636）に初代大垣藩主・戸田《とだ》氏鉄《うじかね》が創建した古社で、境内に軸倉がある。〈船町・昭和52年・提供＝加納喜長氏〉

▶**豊年祭りの神輿**　稀にみる大豊作だったこの年、十六町青年会が祭りを行った。昭和30年の祭礼には、豊年踊りの輪の中に紀州中納言と宗対馬守及び朝鮮通信使の仮装行列が練り込み、祭りのクライマックスを迎えたという。〈十六町・昭和50年代半ば・提供＝説田武紀氏〉

◀**青墓大太鼓踊り保存会**　江戸期の雨乞い祈願に発祥する踊りを後世に伝える活動をする青墓大太鼓踊り保存会が白髭神社境内で記念撮影。この青墓大太鼓踊りは現在も、白髭神社の秋の大祭時に奉納されている。昭和49年には市の重要無形民俗文化財に指定された。〈青墓町・昭和48年・提供＝日比房子氏〉

大垣南高校　昭和24年、普通科の学校として美和町で創立した。同49年、校地、校舎を新設の大垣東高校に移管し、現在地の浅中に移転した。〈美和町・昭和36年・提供＝峰岸艶子氏〉

興文小学校　大垣藩の学問所をもって嚆矢とし、長い歴史を持つ伝統校である。上空から北向きに撮影されたもので、写真右上の川沿いに八幡神社がある。〈西外側町・昭和40年頃・提供＝菊一刃物〉

東小学校　明治4年設立の郷学校を創始とし、昭和22年、戦後の学制改革により大垣市立東小学校となった。写真は運動会の光景で、テント越しに見える施設は同校の南側にある大垣競輪場のもの。〈三塚町・昭和50年・提供＝細野國弘氏〉

▲**赤坂中学校**　運動会の記念写真で、前列、「学ラン」の男子や黒と白とで衣裳を揃えた女子は応援担当であろう。〈赤坂町・昭和 47 年・提供＝浅野誠氏〉

▼**緑の村公園オープン**　上石津では昭和 40 年代後半頃から、過疎対策として「産業と休養地が調和した住みよい文化都市」を志向し、レジャーや観光の施設が整備された。緑の村公園は、都市と山村の交流拠点として建設された。後に水嶺湖や日本昭和音楽村も完成し、多くの人々が憩いを求めて訪れるようになった。〈上石津町上多良・昭和 57 年・提供＝大垣市教育委員会上石津地域教育事務所〉

▶**すのまた天王祭**　多くの人でごった返す夜の賑わい風景。起源は美濃路ができた慶長7年（1602）頃とされる。現在も毎年7月に行われており、墨俣町を代表する夏の風物詩である。〈墨俣町・昭和47年・提供＝大垣市墨俣地域事務所〉

▲▶**墨俣町町制80周年記念**　昭和49年、墨俣町は町制施行80周年を迎えた。上写真は、墨俣町公民館で開催された記念式典。壇上には同年11月3日に制定された町章と町の木「さつき」が飾られている。下写真は、町章を選考しているようす。〈墨俣町・昭和49年・提供＝大垣市墨俣地域事務所〉

▲一夜城址公園竣工　永禄9年（1566）、桶狭間で今川義元を討ち取った織田信長が美濃へ侵攻する際に、その命を受けた木下藤吉郎（のちの豊臣秀吉）が交通の要衝である墨俣の地に築いたと伝えられる「一夜城」。その跡地が、昭和後期に整備された。写真は、昭和49年に墨俣一夜城址公園が竣工した際に撮影された一枚。平成3年には墨俣一夜城（歴史資料館）も開館している。〈墨俣町墨俣・昭和49年・提供＝大垣市墨俣地域事務所〉

▼墨俣小学校　明治6年に寺子屋が廃止され、復練義校として創立。以来長い歴史を刻み、昭和48年に創立100周年記念行事が催されている。この写真の翌年には校舎の改築工事が完成する。玄関付近に工事資材が見えている。〈墨俣町墨俣・昭和50年・提供＝大垣市墨俣地域事務所〉

はじめに

監修 清水 進（大垣市文化財審議会会長）

写真は時代を映す鏡である。セピア色の古写真を眺めていると、懐かしい思いがこみ上げてくる。写真の中にはその時代の人々の暮らしが凝縮されている。写真は一瞬で世相を映すが、その一枚一枚は大垣の地理、歴史、文化、生活などの様相を如実に示している。写真はその時代を生きた人々の姿を語る貴重な資料である。

昭和は激動の時代であり、太平洋戦争によって戦前と戦後に二分される。戦前の大垣市は繊維関係の大工場を誘致して発展した。近代工業に必要な水は大垣特有の自噴水によって確保でき、また鉄道、道路の交通の便がよく、広い工場用地も入手できた。さらには農村から勤勉な労働者を提供できた。豊富な自噴水は化学工業も進展させ、大垣市は岐阜県内最大の工業都市となった。しかし昭和十二年、日中戦争がおこると、戦時体制が強化された。市民の日常生活では町内会や隣保班が、物資の配給から軍需品の供出、勤労奉仕、防空演習、町内行事に至るまで、物心両面にわたって重要な役割を果たした。本書では「戦時下の日々」として、出征兵士の見送りや婦人会の活動の写真を収めている。昭和十六年、小学校が国民学校となり、団体訓練、勤労奉仕が重視された。しかし昭和二十年七月の大空襲によって大垣市の市街地の大半は焼失し、終戦を迎えた。

戦後は復興や高度経済成長期と、変容著しい。大垣市は戦災復興事業を積極的に進め、被災家屋の復旧や駅前通りの高層防災建築を完成させた。収録した写真の商店街へは都市のモデルケースとして全国から視察者が訪れた。市内の工場は戦争が終わると繊維工業の復興は著しかった。次いで高度経済成長期には化学、機械、運輸などの産業が伸展した。農業については圃場整備、堀田の埋め立て、用排水路の改良、排水機の設置が進んだ。大垣市南部の低湿地帯では名神高速自動車道や東海道新幹線建設にかかわって干拓事業が実施され、生産性が向上した。大垣南農協の機械化営農は農業近代化の先駆けとして注目を浴びた。また、東海道本線によって分断されていた市街地が林町と室村町の各立体交差により南北の通行が便利になった。このような著しい発展の様子も写真は見事に映しだしている。

このほかに戦後の出来事として大垣城天守の再建、伊勢湾台風、岐阜国体、戸田公入城三五〇年祭、フレンドリーシティ交流などが挙げられるが、いずれもこの時期の画期的な出来事である。教育面では新制中学校の建設、岐阜経済大学及び大垣女子短期大学の開校、文化会館・市立図書館完成などがある。写真によって懐かしい学び舎を偲ぶことができよう。祭りや伝統行事も多彩で、大垣まつり、水都まつり、十万石まつり、中山道赤坂宿まつり、宝光院のはだか祭のほかに、もんでこかみいしづ、すのまた天王祭なども、例年多くの人で賑わっている。

本書は主として個人所蔵のアルバムや絵はがきを中心に編集された。そのため従来の刊行本には含まれていない写真が多い。貴重な古写真によって大垣市の昭和の歩みをたどって下されば幸いである。

目次

2ページ写真
右：八幡神社での冬の結婚披露宴〈本町・昭和38年・提供＝羽根田友宏氏〉
中：ハイカラなおもちゃの自動車〈上石津町牧田・昭和13年・提供＝藤尾信義氏〉
左：おめかししてパチリ〈南高橋町・昭和36年・提供＝杉原幸夫氏〉
3ページ写真
右：農作業に使っていたリヤカー〈墨俣町・昭和30年頃・提供＝岩田富美子氏〉
中：笠木町の一家〈笠木町・昭和52年・提供＝杉川玲子氏〉
左：大垣駅前〈高屋町・昭和40年・提供＝野村昭二氏〉

地理・交通

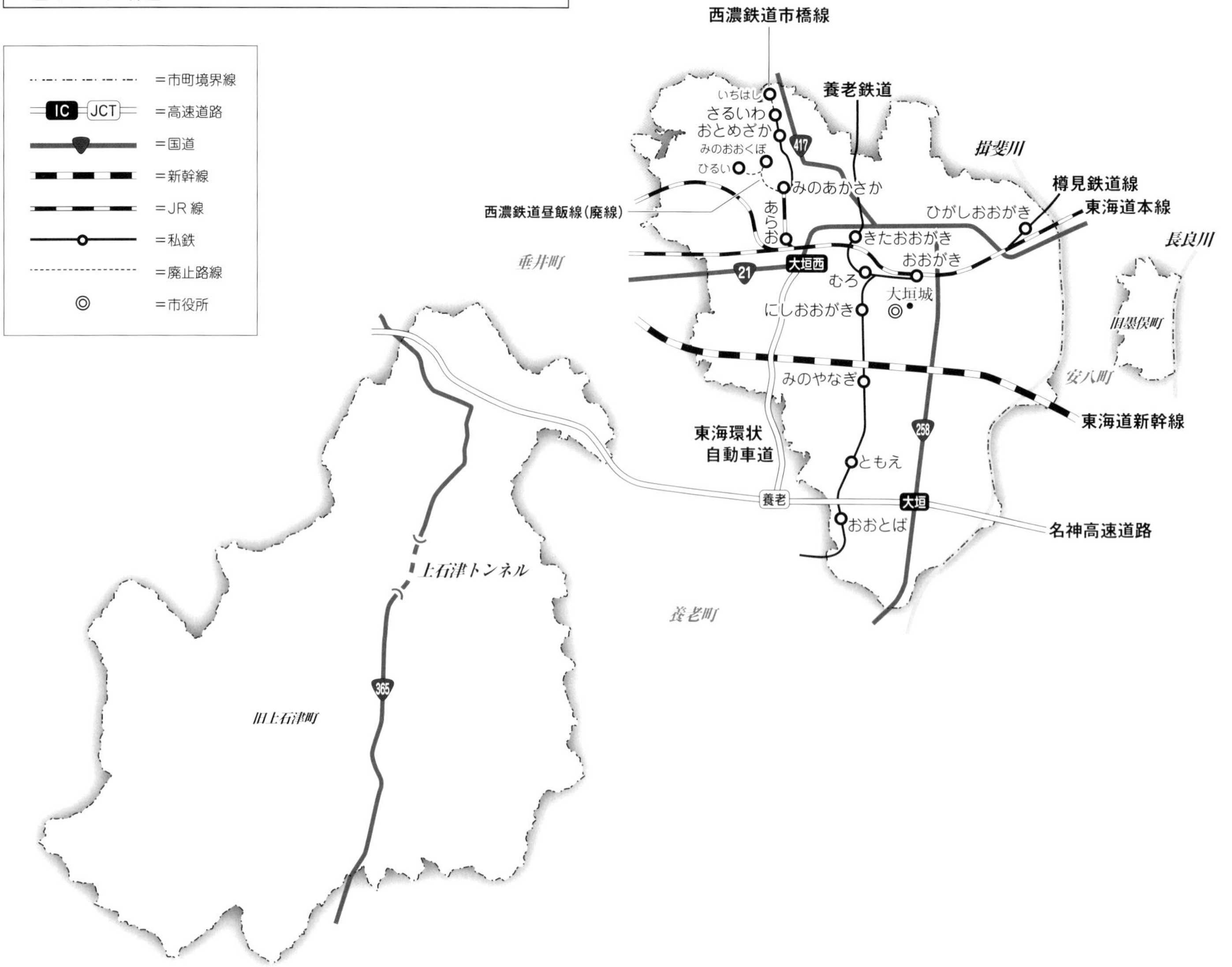

市域の変遷　（昭和 25 年時点の市町村図）

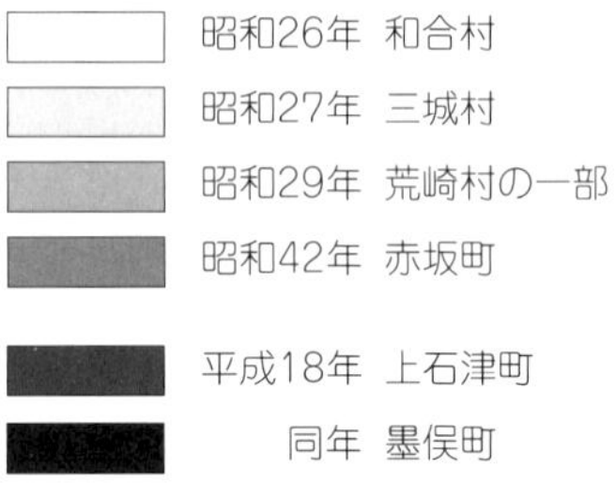

（合併詳細は５ページの年表を参照）

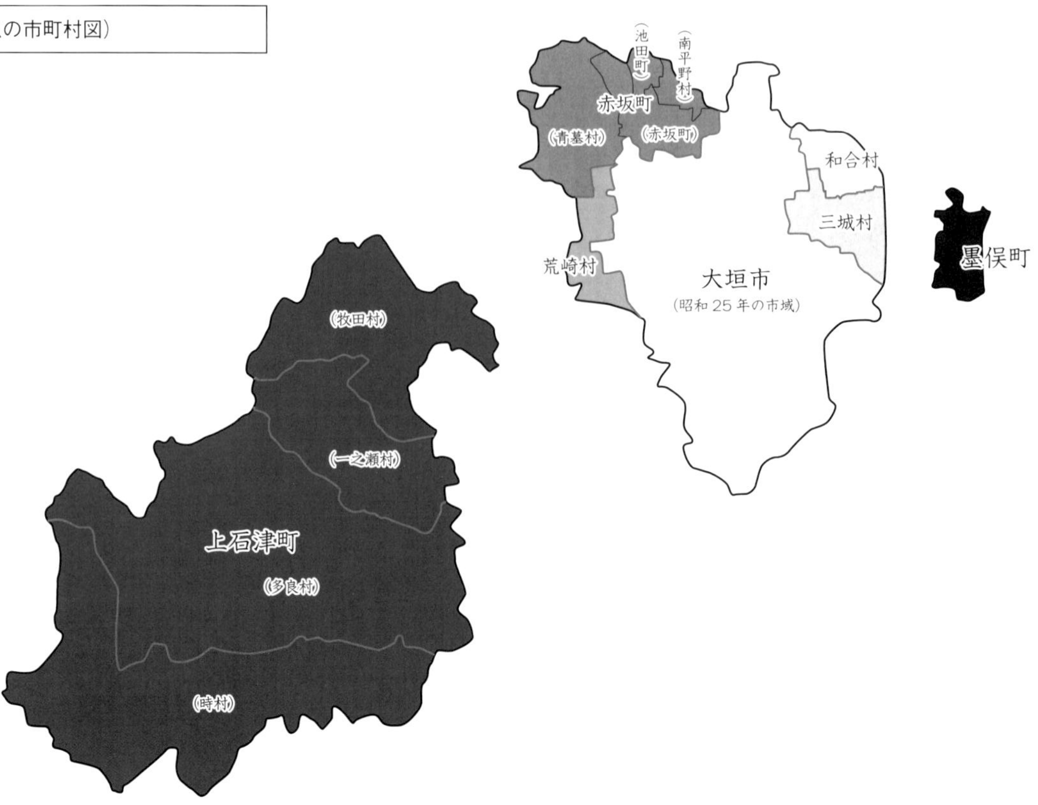

大垣市の昭和略年表

※交通網の変遷、学校開設、統廃合等については各章に掲載

年代	大垣市関連のできごと	周辺地域、全国のできごと
大正 15 年／昭和元年		大正天皇崩御、昭和と改元
昭和 2 年（1927）		昭和金融恐慌が起こる
昭和 3 年（1928）	大垣市が安八郡北杭瀬村の一部（木戸・南一色・笠木・笠縫・河間）と合併、同村他地域は不破郡赤坂町と合併／西濃鉄道市橋線・昼飯線開業	普通選挙法による最初の衆議院議員選挙実施（男子のみ）／治安維持法改正
昭和 4 年（1929）		世界恐慌が起こる
昭和 5 年（1930）	岐垣国道改築工事起工	
昭和 6 年（1931）		満州事変が起こる
昭和 7 年（1932）		五・一五事件が起こる
昭和 8 年（1933）		国際連盟脱退
昭和 9 年（1934）	戸田公入城 300 年祭開催／大垣市が安八郡南杭瀬村と合併	
昭和 10 年（1935）	大垣市が安八郡多芸島村と合併	
昭和 11 年（1936）	大垣城が国宝保存法（旧法）により国宝に指定される／大垣市が安八郡安井村と合併	二・二六事件が起こる
昭和 12 年（1937）	大垣市制 20 周年及び市庁舎落成祝賀式挙行	日中戦争に突入／防空法施行
昭和 13 年（1938）		国家総動員法施行
昭和 15 年（1940）	大垣市が不破郡宇留生村・静里村と合併	紀元二千六百年記念祝賀行事が全国で開催される／大政翼賛会発足
昭和 16 年（1941）		国民学校令施行／太平洋戦争開戦
昭和 17 年（1942）		大日本婦人会発足／ミッドウェー海戦
昭和 18 年（1943）		神宮外苑にて出陣学徒壮行会挙行
昭和 19 年（1944）	東南海地震発生	学童集団疎開開始／学徒勤労令及び女子挺身勤労令公布
昭和 20 年（1945）	大垣空襲により市街地の大半が焼失	全国で空襲激化／太平洋戦争終結
昭和 21 年（1946）	昭和天皇が復興状況視察で来垣	
昭和 22 年（1947）	大垣市が不破郡綾里村・安八郡洲本村と合併	日本国憲法施行／新学制実施
昭和 23 年（1948）	大垣市が安八郡浅草村と合併／大垣市が安八郡川並村・牧村の一部（馬瀬）と合併	
昭和 24 年（1949）	大垣市が安八郡中川村と合併	
昭和 25 年（1950）		朝鮮戦争勃発／警察予備隊創設
昭和 26 年（1951）	城東市場が焼失／大垣市が安八郡和合村と合併	サンフランシスコ平和条約調印及び日米安全保障条約締結
昭和 27 年（1952）	大垣市が安八郡三城村と合併／大垣競輪場開設	警察予備隊を保安隊に改組
昭和 28 年（1953）	大垣市公会堂兼スポーツセンター完成	NHK がテレビ本放送を開始
昭和 29 年（1954）	大垣市が不破郡荒崎村の一部と合併／不破郡赤坂町と安八郡南平野村の一部が合併／不破郡赤坂町と青墓村が合併して新たに赤坂町が発足	保安隊を自衛隊に改組
昭和 30 年（1955）	養老郡牧田・一之瀬・多良・時の 4 村が合併し上石津村が発足	神武景気の始まり
昭和 31 年（1956）	国鉄樽見線が開通／不破郡赤坂町が揖斐郡池田町の一部と境界変更／大垣市林町と室村町の立休交差が完成	経済白書に「もはや戦後ではない」と記載される
昭和 33 年（1958）		岩戸景気の始まり／東京タワー完成
昭和 34 年（1959）	大垣城の天守が再建される／伊勢湾台風来襲／市民病院開院	皇太子ご成婚
昭和 35 年（1960）	大垣市の人口が 10 万人を超える	
昭和 39 年（1964）	大垣市制 45 周年及び新市庁舎落成記念式典挙行／名神高速道路開通に伴い大垣 IC が供用開始	東海道新幹線開業／東京オリンピック開催
昭和 40 年（1965）	第 20 回国民体育大会（岐阜国体）夏季秋季大会開催	名神高速道路全線開通
昭和 42 年（1967）	大垣市が不破郡赤坂町と合併	
昭和 43 年（1968）	大垣市制 50 周年記念式典挙行／市民会館開館	
昭和 44 年（1969）	養老郡上石津村が町制施行し上石津町となる	東名高速道路全線開通
昭和 45 年（1970）	揖斐関ヶ原養老国定公園が指定される	日本万国博覧会開催
昭和 47 年（1972）		札幌冬季オリンピック開催／沖縄返還
昭和 48 年（1973）		第一次石油ショック
昭和 49 年（1974）	岐大バイパス全線開通	
昭和 50 年（1975）		山陽新幹線全線開通
昭和 51 年（1976）	9.12 豪雨災害発生	
昭和 53 年（1978）		新東京国際空港（成田空港）開港
昭和 54 年（1979）		第二次石油ショック／東京サミット開催
昭和 57 年（1982）	歴史民俗資料館開館／国道 258 号全線開通	
昭和 58 年（1983）		中国自動車道全線開通
昭和 59 年（1984）	第三セクター樽見鉄道開業	
昭和 60 年（1985）	奥の細道むすびの地記念館（初代）開館／戸田公入城 350 年祭開催／郷土館開館	日本電信電話公社及び日本専売公社が民営化される
昭和 61 年（1986）	駅ビル「大垣アピオ」完成	
昭和 62 年（1987）	大垣駅前広場完成	国鉄民営化／バブル景気の始まり
昭和 63 年（1988）	ぎふ中部未来博覧会開催／大垣市制 70 周年記念式典挙行及びフレンドリーシティ交流開始	青函トンネル及び瀬戸大橋開業
昭和 64 年／平成元年		昭和天皇崩御、平成と改元

監修・執筆者 特別協力者 一覧

（敬称略・五十音順）

■監修・執筆

清水《しみず》 進《すすむ》（大垣市文化財審議会会長）

■執筆

児玉《こだま》 剛《つよし》（大垣市立図書館歴史研究グループ専門員）

清水《しみず》 武《たけし》（名古屋鉄道株式会社OB）

鈴木《すずき》 隆雄《たかお》（大垣市文化事業団事業課長）

髙木《たかぎ》 久《ひさし》（大垣市墨俣地域事務所所長）

谷口《たにぐち》 隆康《たかやす》（元大垣市郷土館館長）

長澤《ながさわ》 均《ひとし》（美濃文化総合研究会会長）

坂東《ばんどう》 肇《はじめ》（大垣市立時小学校校長）

平塚《ひらつか》 剛《ごう》（岐阜県教育委員会学校支援課係長）

横幕《よこまく》 孜《つとむ》（大垣市文化連盟専務理事）

■写真資料特別協力

河合《かわい》 孝《たかし》（写真家）

早藤《はやふじ》 照雄《てるお》（元日本農業新聞大垣通信員）

▶映画館界隈で 〈竹島町・昭和30年代・提供＝秋山京子氏〉

凡例

一、本書は、岐阜県大垣市（一部近隣町村）の、主に昭和時代の写真を、年代順またはテーマごとに分類して収録したものである。

二、写真に付した解説文には、原則として、末尾〈　〉内に撮影地点の現在地名、撮影年代、提供者（必要に応じて撮影者・所蔵者）名を付記した。例外として、航空写真や俯瞰撮影など、撮影地点が広範囲にわたる場合は適宜、範囲等を記した。また撮影地点や年代が不確かな場合は不明とした。現在地名の表記は、平成三十年三月のものとした。

三、解説文中の名称や地名は、撮影当時一般的だった呼称を主に使用した。

四、用字用語については、原則として一般的な表記に統一したが、執筆者の見解によるものもある。

五、解説文中の人名は原則として敬称略とした。

大垣市制一〇〇周年にあたって

大正七年四月一日、念願の市制が施行されることになった。その式典や祝賀行事は三日間にわたった。市民祝賀式では園遊会、饗宴が盛大に催され、余興も学生相撲、武者行列、提灯行列、演武大会、競馬大会、花火大会、餅まきなどと多彩であった。

市制施行当初の人口は三万二千人、面積五・二四平方キロメートルであった。また、養老鉄道の全線開通と後の電化、国鉄美濃赤坂線の開通といった鉄道網や、都市計画法に沿った道路網の整備・拡充は、輸送力を著しく増加させ、産業を発展させて市勢が充実していった。周辺町村との合併も次々と行い、昭和十年には人口四万九千人、面積一五・五一平方キロメートル、同二十二年には人口六万三千人、面積三五・〇六平方キロメートルとなり、大垣市は社会のあらゆる面で西濃地方の中心都市となった。

その後も市域は拡大を続け、昭和四十二年の赤坂町合併により人口十三万二千人、面積八〇・二六平方キロメートル、平成十八年の上石津町、墨俣町の合併により人口十六万二千人、面積二〇六・五二平方キロメートルとなった。地の利に恵まれた水都・大垣市は大正期の大規模な繊維工場を皮切りに戦前戦後を通じて工場誘致を図り、繊維工業、化学工業が大きく発展した。明治二十四年の濃尾大震災、同二十九年に代表される幾度もの大水害、昭和二十年の空襲、同三十四年の伊勢湾台風などにも見舞われ多くの被害を出したが、その都度、市民の努力によって復興し成長を遂げた。現在も県内最大の工業生産額をあげており、一方では高度情報産業都市を目指し、その構築が進められている。

市民の記憶に残る行事としては、昭和四十年の岐阜国体、同六十年の戸田公入城三五〇年祭、六十三年に始まったスインク西濃事業、平成十二年の決戦関ヶ原大垣博などがある。市民や関係諸団体の協力と熱情溢れる取り組みによって、それぞれ大成功を収めた。「奥の細道むすびの地」としても「芭蕉元禄の街」「芭蕉と出会う街」を掲げ、芭蕉蛤塚忌全国俳句大会など数多くのイベントを行っている。この奥の細道むすびの地や船町港跡、住吉燈台のある一帯は、同二十六年に「大垣船町川湊」として国名勝「おくのほそ道の風景地」に指定された。二十八年には、「大垣祭の軕行事」が全国の国重要民俗文化財の祭礼行事「山・鉾・屋台行事」三十三件に含まれ、ユネスコ無形文化遺産に登録された。

平成三十年四月には市制百周年を迎える。大垣市の歴史を振り返り、今後のさらなる発展を期して新たな歩みを始めたい。

（清水　進）

▶初代大垣市役所庁舎　大正７年に市となった大垣だったが、市庁舎には大垣町役場の建物を転用し、市制施行20周年を迎えた昭和12年に市庁舎が完成するまで使われた。新庁舎は木造二階建て、暖房や給水設備等がある最新建築であった。〈郭町・大正７年・『大垣発展史』より〉

▲**市制35周年記念祝賀に沸く市役所前**　昭和27年12月、市内の小中学校や幼稚園・保育園で祝賀会が催され、市役所前まで旗行列を行った。市の伸展を宣揚するための写真コンクールも開催された。〈丸の内・昭和27年・提供＝河合孝氏〉

◀**馬上の川井一市長**　祝賀行事の呼び物となった大名行列は、市役所前を出発し、俵町、船町、寺内町、郭町、本町、東外側町、別院、平和通り、駅前通りからスポーツセンター前を進んだ。行列の中心には、川井市長の姿もあった。〈郭町・昭和27年・提供＝河合孝氏〉

▶新市庁舎完成と市制45周年を祝って　戦前は当時の最新建築を誇った市庁舎も、空襲で焼失。昭和22年に三代目が再建されたが、古材などを利用したものだった。同39年2月、鉄筋コンクリート造四階建ての新市庁舎がようやく完成、同年4月に市制45周年記念式典と併せて、落成式がスポーツセンターで開催された。〈郭町・昭和39年・提供＝野原昌治郎氏〉

▼市制45周年記念のパレード　記念行事として、提灯行列、高校生ブラスバンドや児童鼓笛隊のパレード、ミス大垣発表会、菓子祭、フォークダンスなどが繰り広げられた。陸上自衛隊の音楽隊は市役所から駅前通り、本町通りを経てスポーツセンターまでパレードした。〈御殿町・昭和39年・提供＝中島隆夫氏〉

◀**市制50周年功労表彰**　昭和43年4月、市制施行50周年と市民会館落成を祝う式典が挙行された。数多くの記念行事が催され、また、各分野の功労者が表彰された。写真は大垣青年クラブで、社会福祉の振興発展に尽力し、功労表彰を受けた。〈新田町・昭和43年・提供＝野原昌治郎氏〉

▲**大垣市役所庁舎全容**　昭和20年7月の空襲で市庁舎を失った市職員は、商工会議所、図書館などに分散して業務を行った。この庁舎は同39年完成。22年に急ごしらえで造られた庁舎の東側に建てられた。40年に開催された国民体育大会（岐阜国体）の文字とシンボルマーク、スローガンが掲げられている。〈御殿町・昭和40年・提供＝中島隆夫氏〉

1 戦前の暮らしと風景

大正十五年の暮れも押し詰まった十二月二十五日、大正天皇の崩御にともない、皇太子裕仁親王が皇位を継承し、昭和に改元された。

第一次世界大戦後の日本経済は徐々に不況に陥っていったが、大正七年に市制施行した大垣市は、順調に発展していた。しかし、昭和四年、アメリカで経済恐慌が起きると、市内にあった多くの銀行が整理され、市内に本店を置くのは大垣共立銀行と大垣貯蓄銀行の二行だけとなるなど、大垣市の経済や産業も大きな影響を受けた。

大垣市は、第三代市長東島《とうじま》卯《う》八《はち》のもと、市勢を発展させようと、様々な策を講じた。

経済を回復させるために、予算編成において整理と緊縮を実行し、困窮者の税金を免除した。企業から機械を一年間無料で借り、工業の振興を図るとともに、大工場の誘致を行った。県の失業救済事業である岐《ぎ》垣《えん》国道改築工事にも積極的に協力し、併せて新設道路を整備し、市内バスの運行を開始するなど、市民生活の安定を目指した。

教育施設の充実にも取り組み、県立第二工業学校の開校、市立幼稚園の開設をした。また、養老華園の設立、岐阜県水産増殖試験場の江崎町への移転、市民病院の設置も行い、文化・福祉など多方面に力を注いだ。

長年にわたって苦しみぬいてきた水害に対しても、揖斐川上流改修に続き、牧田川・杭瀬川・水門川改修工事、大垣輪中悪水路の改修、水門や排水機の設置など、大垣を守るために、幾多の困難を乗り越えて治水事業を進めた。

さらに、十万都市をめざして人口の増加と市域の拡大にも努めた。昭和三年の北杭瀬村をはじめとして、同九年南杭瀬村、十年多芸島村、十一年安井村、十五年静里村を合併した。市制施行当初の人口は三万二千人、面積は五・二四平方キロメートルであったが、昭和十年には人口は四万九千人に、面積は一五・五一平方キロメートルとなり、大垣市は西濃地方の中心都市となった。

昭和十二年五月、大垣市は市制施行二十周年と新庁舎落成の祝賀式を挙行し、提灯行列・祝賀や神輿の練り・餅まきなどを行って、「躍進大垣」を謳歌した。

しかし、昭和六年の満州事変を経て、同十二年に日中戦争がはじまると、戦時体制が進み、あらゆる統制がなされていった。

（平塚　剛）

▲大垣凱旋門　出征軍人の凱旋を祝って、大垣駅前に建てられた凱旋門の絵葉書である。凱旋の日には市民総出で出迎えたという。昭和６年に満州事変、同７年に上海事変、12年に日中戦争が勃発し、戦争が長期化すると、戦時体制は急速に進んだ。
〈高屋町・昭和初期・提供＝髙木久氏〉

▲大垣市全景　軍により空撮された大垣市の南東部である。「繊維のまち大垣」の礎は、大正3年に室で後藤毛織が大垣工場を操業し、始まった。昭和に入ると、9年に笠縫で若林製糸紡績大垣工場、10年に久瀬川で大日本紡績西大垣第一工場、青柳町で岸和田紡績大垣工場が操業を開始、市の繊維工業が大きく発展した。〈大垣市内・昭和5年・提供＝説田武紀氏〉

▶赤坂まつり　金生山神社の例祭である赤坂まつりの起源は不詳であるが、鎌倉時代以後、毎年続けられていると伝わる。写真は、多くの人々で賑わう子安の旧景。〈赤坂町・昭和初期・提供＝折戸真一氏〉

▶**御大典奉祝行事①**　大正天皇の喪が明けた昭和３年の11月に、新天皇即位の御大典と大嘗祭が執り行われた。全国各地で奉祝行事が行われ、祝賀ムードに包まれた。写真は墨俣尋常高等小学校での奉祝行事。〈墨俣町・昭和３年頃・提供＝大垣市墨俣地域事務所、西杉武彦氏蔵〉

▼**御大典奉祝行事②**　中町通りを行く盛栄社の行列。盛栄社とは、墨俣町の飲食店や芸妓置屋等により結成された組合で、行列内には芸妓の姿も見える。〈墨俣町・昭和３年頃・提供＝大垣市墨俣地域事務所、西杉武彦氏蔵〉

▲在りし日の杭瀬川　正面に見える精米用の水車のある建物は米穀店。写真の右側が下流にあたる。杭瀬川は昭和 26 年に付け替え工事が行われ、東に移動している。手前の川船の多くは石灰を運搬していた。〈赤坂東町・昭和 10 年頃・提供＝折戸真一氏〉

▼大ビル百貨店　昭和 5 年頃、郭町交差点北側に大垣貯蓄銀行の三階建てビルが建てられ、そのビル内に大ビル百貨店が開店した。大垣で初めてのエレベーターを備え、大きな評判を呼んだ。現在は大垣市守屋多々志美術館となっている。写真の手前に写るのは富士自転車宣伝隊。〈郭町・昭和 10 年代前半・提供＝加納喜長氏〉

◀**忠魂碑竣工の記念写真**　在郷軍人と遺家族ら多くの町民の寄付により、墨俣尋常高等小学校校庭の西端に建立された。のちに上宿の護国霊苑に移転され、平成28年に解体された。〈墨俣町・昭和11年頃・提供＝大垣市墨俣地域事務所、大塚光男氏蔵〉

▶**川並消防組**　出初め式の際、小泉分団が村長を挟んで整列し、記念撮影を行った。〈古宮町・昭和10年代前半・提供＝説田武紀氏〉

◀**奥田印刷工場**　積み上げられた百科事典の発行記念だろうか。社員の割烹着姿と下駄履きが時代を反映している。同社は現在ニホン美術印刷に社名を変更している。〈西外側町・昭和10年代・提供＝加藤まり子氏〉

▲大垣城天守国宝指定の記念写真　大垣城の天守と艮隅櫓《うしとらすみやぐら》が昭和11年に、国宝（昭和4年に施行された国宝保存法に基づく）に指定され、盛大に「お城まつり」が繰り広げられた。大垣城の周辺は公園として整備され、市民の憩いの場となった。〈郭町・昭和12年・提供＝小川光彦氏〉

▼潮干狩船　潮干狩りは当時、春から夏にかけてのレジャーの代表格であった。長良川を桑名方面に向かって下る潮干狩船が多く見られた。〈昭和初期・提供＝大垣市墨俣地域事務所、高田弘子氏蔵〉

▲国鉄大垣機関区　大垣～関ケ原間の急勾配を越えるため、東海道本線の下り列車には大垣駅で補助機関車が連結された。大垣機関区はその機関車の基地であった。大垣駅には下り特急「燕」も停車して補助機関車を連結した。同 19 年、勾配を緩くした下り専用の迂回路・勾配緩和別線が完成し、補助機関車は不要となった。〈林町・昭和 16 年頃・岐阜経済大学蔵〉

▼補助機関車 D50 形 70 号　関ケ原越えのための補助機関車を受け持っていた大垣機関区では、下り列車専用の勾配緩和別線が完成するまでは、勾配用の補助機関車が何台か配置されていた。写真の当時は、大正 12 年に製造を開始した D50 形 6 両が配置されていた。〈林町・昭和 15 年頃・岐阜経済大学蔵〉

▶家族での記念写真　中央に座る男児の３歳の誕生祝いに、河野写真館で撮影された家族写真。一般への写真機の普及はもっと後で、当時の家族写真などは写真館で撮っていた。〈郭町・昭和７年・提供＝小林昭男氏〉

◀花嫁を囲んで　農家に嫁ぐ花嫁は、婚家に着くと座敷の縁側から上がり、まず仏壇にお参りをした。その後、夫婦の固めの杯として三三九度を行い、次に嫁ぎ先の親と新婦が親子の杯を交わした。このようすを村人が見守ることが一般的であった。〈島町・昭和14年・提供＝小林昭男氏〉

▶三輪車で遊ぶ　幼児用の三輪車は明治時代につくられた。まだペダルを踏めない幼児でも跨がることはできるし、スピードは出ないがペダルを踏んで前に進むこともできる。写真の鉄製の三輪車は、ハンドルにベルが取り付けられている。〈浅中・昭和13年・個人蔵〉

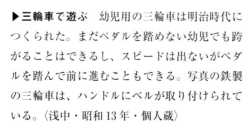

2 戦前戦中の教育

わが国の戦前戦中の教育を象徴するのが、天皇皇后の御真影と教育勅語を納める奉安殿と、柴、あるいは薪を背負いつつ本を読む二宮金次郎像である。大垣に奉安殿が建てられたのは大正十五年。市内の四つの尋常高等小学校（中《なか》、東、西、北）を皮切りに、その後、昭和十年ころまでに全学校に設置された。

大垣市は、昭和三年以降、周囲の村々の合併を進め、市域も拡大し、学校数も増加した。尋常小学校卒業で就学を終える者が多かったが、高等科や大垣中学校、安八農学校、大垣商業学校、大垣高等女学校、岐阜県第二工業学校に進学する者もいた。昭和初期の激動はそうした教育環境にも及んだのである。

昭和二年の金融恐慌、同四年の世界恐慌のあおりを受けた昭和恐慌は、多くの人々の生活を困難にした。そして六年に満州事変、七年に上海事変と、日中関係が泥沼化していくなか、十年に尋常科卒業者を対象として職業教育と軍事教練を合わせた青年学校が設立された。八校で千九十人が在籍し、夜間二時間程度で、農業実習と教練は昼間に行われた。十二年、ついに日中戦争が始まり、十三年には国家総動員法が公布される。青年学校は十四年の普通科入学生から男子のみ、その七年間が義務教育に組み込まれた。十六年四月、尋常小学校は国民学校と改称、「国民学校ハ皇国ノ道ニ則リテ初等普通教育ヲ施シ国民ノ基礎的錬成ヲ為スヲ目的トス」とし、年限は八カ年とされた。履修科目も軍事色が濃い内容になった。同年十二月には太平洋戦争が開戦、十八年十月になると戦況の不利を鑑みて「教育ニ関スル戦時非常措置方策」が閣議決定され、「勤労即教育」が進められていく。国は挙国一致、尽忠報国、堅忍持久の三標語を掲げ、学校でもこの方針が守られた。銅製の二宮金次郎像も金属類回収令により、校庭から姿を消し、十九年には中学校、女学校など中等学校以上の生徒、学生の軍需工場への勤労動員が始まった。

物資不足による食糧自給は学校にまで及び、どこの学校でも報国農場と呼ばれる開墾農場でサツマイモ、大豆、カボチャなどを栽培し、運動場や中庭は順次、畑に変わった。また、食糧にするためのどんぐり拾い、いなご採りもした。

興文国民学校では、昭和二十年七月になると御真影、永久保存書類、ピアノ、理科器具等を疎開し始めた。また学童には縁故疎開を奨励し、縁故疎開ができない者三十人は一之瀬村の天喜寺、五十人は本善寺、四十人は道場、五十五人は牧田村常法寺へ疎開した。一之瀬へは養老線で美濃高田駅まで行き、駅からは徒歩であった。なお、東国民学校六十七人は安八郡名森村、西国民学校二十七人は安八郡南平野村、南国民学校八十一人は不破郡今須村へ疎開した。

（横幕　孜）

▲墨俣町奉安殿　墨俣国民学校校庭の東端に建てられ、昭和17年2月11日紀元節に竣工落成式が行われた。工費は5,000円だった。天皇皇后の御真影と教育勅語の謄本が納められていた。〈墨俣町墨俣・昭和17年・提供＝大垣市墨俣地域事務所、池田鋭行氏蔵〉

◀大垣中尋常高等小学校御大典記念写真　現興文小学校。始まりは大垣藩の学問所で、大垣中《なか》尋常高等小学校は、大正13年から昭和8年までの名称である。着物姿に混じって洋装の女子や学生服の男子もいる。男子は坊主頭で学生帽をかぶっている。〈西外側町・昭和3年・提供＝説田武紀氏〉

▲大垣中尋常高等小学校職員室　机上にあるのは鍵のかかる収納庫である。写真右上に掛かる額には興文偃武《こうぶんえんぶ》と書かれている。「興文偃武」とは、文化を興し戦いを止めて太平の世とするということである。〈西外側町・昭和4年・提供＝安田卓美氏〉

▶大垣中尋常高等小学校野球部県大会優勝記念　グローブもミットも現在に比べて型は古いが、皆、満面の笑み。激動の昭和初期の平和な側面がうかがわれる。〈大垣市内・昭和3年・提供＝説田武紀氏〉

◀安井尋常高等小学校運動会の組体操　運動場には朝礼台、写真右端に忠魂碑が見える。同校は明治6年、南耕義校として創立。同30年に安井尋常小学校と改称。この撮影の翌年に安八郡安井村が大垣市となり市立となった。〈禾森・昭和10年・提供＝説田武紀氏〉

▶北尋常高等小学校全景　創立したての頃。木造二階建て校舎の一階には、玄関のほかに運動場への出入口があり、窓は下段がすりガラスである。運動場にはまだ小石が転がる。〈室村町・昭和4年頃・提供＝説田武紀氏〉

▲北尋常高等小学校の歯科検診風景　「まづ健康！」の掲示物のある診療室での歯科検診である。男子児童は坊主頭で、整然と順番待ちをしている。〈室村町・昭和８年・提供＝説田武紀氏〉

▼宇留生《うるう》尋常高等小学校の校舎　校庭の前は一面の桑畑で養蚕が盛んであったことを物語る。昭和15年、不破郡宇留生村は大垣市となり、学校は大垣市立となって現在の宇留生小学校に続く。〈熊野町・昭和８年・提供＝長澤充氏〉

▶宇留生尋常高等小学校陸軍記念日の慰霊祭　陸軍記念日は明治39年、陸軍の戦勝を祝う日として設けられ、3月10日をその日とした。写真は忠魂碑への拝礼である。軍人と民間人が揃って頭《こうべ》を垂れている。〈熊野町・昭和15年・提供＝長澤充氏〉

▲宇留生尋常高等小学校の運動会　地域の一大行事であり、多くの参観者で賑わっている。校庭の隅に、腕や背筋を鍛える肋木《ろくぼく》が見える。〈熊野町・昭和10年代半ば・提供＝長澤充氏〉

▲青墓尋常高等小学校の運動会　テントの前の朝礼台には指導者が立つ。運動会では、騎馬戦などのほか白虎隊の演舞披露も行われた。明治期、青野村に創立した青野学校に起源を持ち、長く青墓村の小学校であったが、昭和42年、大垣市立となった。〈青墓町・昭和15年頃・提供＝安田卓美氏〉

◀多良尋常高等小学校
明治34年築の木造二階建て校舎が写る絵葉書である。明治初期創設の基業舎からの歴史を引き継いでいる同校の校舎は現在のJAにしみの多良支店の場所にあり、昭和33年の校地移転により役目を終えた。〈上石津町宮・昭和10年代頃・提供＝大垣市上石津地域事務所地域政策課〉

▲縄ないの作業をする荒崎尋常小学校の児童　戦時下の学校では労作教育が行われた。稲藁を材料とする縄つくりもその一環である。不破郡荒崎村であった頃のひとコマ。昭和29年に大垣市立となる。〈長松町・昭和15年頃・提供＝長澤充氏〉

▼荒崎国民学校にて滑空機（グライダー）工作の授業　尋常小学校は、昭和16年4月、国民学校と改称した。男女一緒の教室風景である。〈長松町・昭和10年代後半・提供＝長澤充氏〉

▲荒崎国民学校卒業式　草履を履いた児童も見られる。男性教員は坊主頭に国民服。背広にネクタイ姿は校長らであろう。〈長松町・昭和18年・提供＝小林昭男氏〉

▼北国民学校4年生の始業式　前身は昭和4年開校の市立北尋常高等小学校。戦時下、玄関には常在戦場の板が掛かる。男子学級の写真で、足元はほとんど藁草履や下駄である。教師は国民服に戦闘帽である。〈室村町・昭和19年・提供＝白木英武氏〉

◀牧田国民学校入学式　木造平屋建ての校舎を背に。男女とも着ているものはまちまちだが、男子は坊主頭、女子はおかっぱである。創始は明治初期の薫陶義校で、前身は牧田尋常高等小学校。〈上石津町牧田・昭和19年・提供＝桐山帛子氏〉

▶多良国民学校校舎　明治34年築で、多良尋常高等小学校の看板を国民学校に掛け替えて使用された。〈上石津町宮・昭和17年・提供＝伊藤正美氏〉

◀多良国民学校校舎西側の土手を開墾　戦時下の食糧難解消のため、サツマイモ畑にした。〈上石津町宮・昭和19年・提供＝小寺登氏〉

◀**陸上競技大会優勝記念**　八幡神社前に並んだ国民学校の児童たち。戦時下においては、子どもたちを皇国民として鍛え上げることが求められた。学校では体錬科の授業で体操や武道に取り組むとともに、陸上競技大会等も実施され、心身の鍛練に努めた。〈島町・昭和18年・提供＝小林昭男氏〉

▲**満州事変記念分列行進**　柳の街路樹がある大垣駅前通り郭町交差点付近を行進する大垣高等女学校生徒。写真左側のモダンな建物は大垣共立銀行本店、その向こうが大垣郵便局である。〈郭町・昭和13年・提供＝野原昌治郎氏〉

▶岐阜県立安八農学校　校舎に接して実習農園が設けられていたのがわかる。ガラス張りの温室もある。大正10年、安八郡立として創設された。現在の県立大垣養老高校の源流のひとつである。〈禾森町・昭和初期・提供＝髙木久氏〉

◀西光寺の農繁期託児所　大好きな紙芝居や片足スケーターと一緒に写真に収まる子どもたち。戦時体制下の農村では、寺院で臨時保育が行われ、召集兵のいる農家は大助かりだった。当寺の住職は戦後を含め1万回以上の託児や慰問で活躍した。〈矢道町・昭和17年・提供＝長澤武夫氏〉

▶本浄寺の農繁期託児所
低湿地のため水屋がある。東面して建つ本堂の東南に、昭和9年に建立された鐘楼があり、鐘楼と本堂の間でのひとときである。〈築捨町・昭和11年・提供＝説田武紀氏〉

フォトコラム　戦時下の日々

大垣市は東島卯八市長のもと、大正時代末から大工場の誘致を積極的に行い、昭和三年から次々に近隣の村を合併して市域を拡大していった。

昭和十二年に日中戦争が始まり、同十三年に国家総動員法が公布されると、戦時体制は一段と強化され、物資は配給制となった。大垣市でも、十五年七月から砂糖と米が切符制による配給となった。十六年十二月に太平洋戦争が開戦、十七年二月からは衣料品が切符制となった。

また、農家は昭和十五年から自家保有米だけを残して、それ以外のすべての米や麦を供出することになった。同十七年には食糧管理法が公布され、全国的に米の配給通帳制が整備された。農村では食糧増産が強く求められ、勤労奉仕や共同作業により、生産力の確保と増強が図られた。

工場では、青壮年の応召により工業生産が減少。政府により、合併や再編などの企業整備も進められた。大垣の工業の中心として近代的な設備を誇った繊維工業の大工場も、軍需工業への転換を余儀なくされ、兵器等を製造する工場として利用された。

さらに、挙国一致体制を強固にしたのは、町内会や隣組（隣保班）であった。町内会は、防空演習、戦勝祈願、慰問袋の調達、物資の配給、節約の奨励などの活動を行った。

大垣市の歳出に占める戦時費の割合は、戦争の激化・拡大にともない、昭和十五年度には八パーセント程度だったものが、十九年度には二五パーセント、翌二十年度には七一パーセントと急激に膨張した。

そして昭和二十年七月二十九日の空襲で、大垣市は市街地の大半を焼失した。被災戸数四九〇〇戸、被災者は三万人に及び、八月十五日の終戦を迎えた。

（平塚　剛）

▲国防婦人会の記念写真　泉宗寺で撮影された。国防婦人会は、戦争協力のため、軍人擁護や婦人の精神強化など様々な活動を行った。町や村の婦人会としての活動も多かったために、役員は多忙であった。白い割烹着に会名を書いたタスキ掛けをして会服としていた。同会は昭和 17 年に愛国婦人会らとともに大日本婦人会に統合された。〈島町・昭和 15 年・提供＝小林昭男氏〉

▶▼漢口陥落祝賀会行事　日中戦争さなかの昭和13年10月、日本軍が中国の漢口を占領した。国民の戦意高揚のため、その祝賀行事各種が政府の指令によって全国で行われ、墨俣町では八幡神社が会場となった。右写真は八幡神社に向かう行列。下写真は境内での祝賀行事のようすで、三味線を手にした囃子方と踊り手は墨俣芸妓と思われる。女性と子どもが多いことが見てとれる。〈墨俣町・昭和13年・提供＝大垣市墨俣地域事務所〉

◀満蒙開拓団入植者への家族写真　満州移民政策は、国内の疲弊した町村の経済更生計画と関連させて立案され、岐阜県からは合計1万2,300人余が満州に渡った。その後、日本が敗戦を迎えると、満州からの引き揚げは悲惨を極めた。写真は満州に送るために撮影された。〈島町・昭和13年・提供＝小林昭男氏〉

▲荒崎村の陸軍入営者送別　出征が決まると、兵士の家族や親類、近隣の人たちによって見送りが行われた。初期には、家族や親類縁者が兵士の名前を大きく書いた幟旗《のぼりばた》を作り、激励して盛大に見送ることも多かった。戦線が拡大し、戦況が悪化するにつれ、そうしたことは行われなくなっていく。〈島町・昭和17年・提供＝小林昭男氏〉

▼出征兵士に贈る寄せ書きの国旗　召集兵の武運長久を祈る多くの知己が寄せ書きした。哀しい魂の贈り物である。〈郭町・昭和18年・提供＝説田武紀氏〉

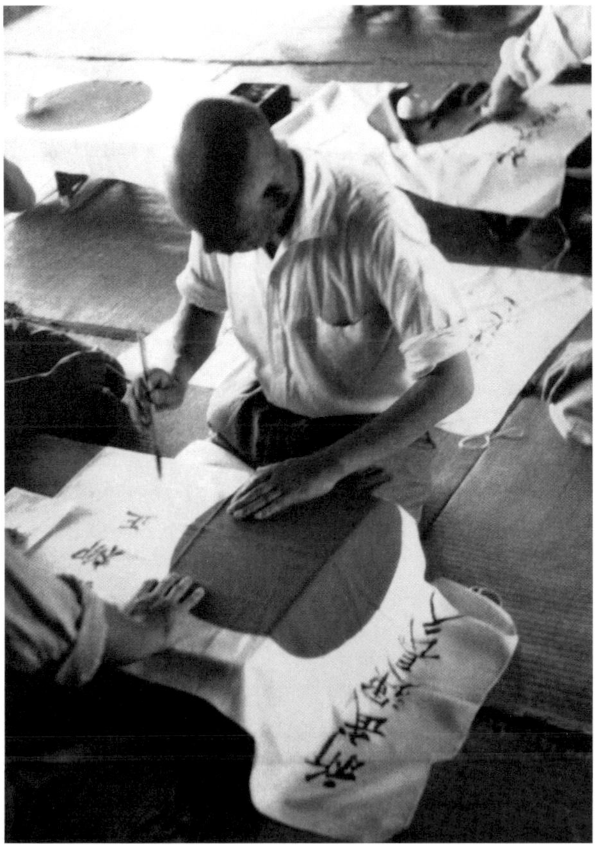

▲時村からの出征兵士　自宅前で撮影された出征記念写真。戦況が悪化の一途をたどるなか、成人男性のほとんどが召集され、出征していった。写真の男性は広島県大竹町（現大竹市）海軍基地で訓練中に終戦を迎えたという。〈上石津町時山・昭和20年・提供＝川添勇氏〉

▶大日本国防婦人会の勤労奉仕　大日本国防婦人会は、出征兵士の送迎、遺家族援護、勤労奉仕などの活動を行い、銃後を支えた。写真は墨俣分会の上宿での農作業風景。〈墨俣町・昭和15年頃・提供＝大垣市墨俣地域事務所、奥田良二氏蔵〉

◀**警防団講習会の記念撮影**　昭和 14 年、消防組が改組され、同年 4 月、大垣市でも警防団が発足した。町内会や部落会、学校、工場などで行われる防空演習や灯火管制の指導に当たった。〈旭町・昭和 15 年・提供＝説田武紀氏〉

▶**防空訓練**①　空襲に備えて軍が指導をし、在郷軍人会、警防団、婦人会等が参加して消火訓練を中心に実施された。防空訓練は地域の団結を高める行事でもあった。〈郭町・昭和 10 年代後半・提供＝説田武紀氏〉

◀**防空訓練**②　煙が立ち込めるなか、防護服に身を包んでいるのは軍人か。軍による訓練のほかにも、各家庭で消火用のバケツ、砂袋、縄のはたきなどを常備し、町内の隣組単位でバケツリレーによる消火訓練が行われた。〈郭町・昭和 10 年代後半・提供＝説田武紀氏〉

▶防空訓練③　町内ごとに防火班も組織され、主に女性たちがその任に当たり、男手が足りないなか、活動の中心となった。写真は防護団配給班の活動風景。〈御殿町〜郭町か・昭和10年代後半・提供＝説田武紀氏〉

▲防空訓練④　墨俣町内のようす。女性たちは空襲にともなう落下物や炎から頭を守るため、それぞれに拵《こしら》えた防空頭巾を被っている。戦時中、墨俣町は空爆被害を受けることはなかった。〈墨俣町・昭和16年頃・提供＝大垣市墨俣地域事務所、高田弘子氏蔵〉

▲国旗掲揚　在郷軍人の国旗掲揚を整然と見つめる尋常小学校児童たち。戦時体制強化へと進むなか、国威発揚の場に子どもたちも参加するようになっていった。お勝山にて。〈赤坂町・昭和10年・提供＝説田武紀氏〉

◀疎開児童たち　長良大橋の袂《たもと》で記念写真に収まる。笑顔が見られるが、幼くして家族と離ればなれの生活を強いられ、心細いことも多かったであろう。空襲が激化した名古屋から来た少女たちである。〈墨俣町・昭和19年頃・提供＝大垣市墨俣地域事務所、柴間邦守氏蔵〉

▶農繁期の共同作業①
戦時体制が強化され、食料増産が急務となったが、農村の労働力不足は深刻であった。そのため、村々の共同作業や農具の共同利用が奨励された。記念写真の前列に写るのは牧田消防組の面々。〈上石津町・昭和18年・提供＝芳田一美氏〉

◀農繁期の共同作業②　農繁期においては、農業労働力の調整、農家生活の改善、農民保健の向上を図るために、共同炊事も奨励された。炊飯担当の家で作られた昼食、夕食が共同作業場に運ばれていく。〈上石津町・昭和18年・提供＝芳田一美氏〉

▶戦時下の家族写真　大垣市役所東付近にあった旅館「喜楽屋」前で。旅館や料理屋、劇場、遊技場、映画館などが建ち並ぶ市内でも、昭和19年からは防空計画に基づき、灯火管制や建物疎開が開始された。〈御殿町・昭和18年頃・提供＝伊藤政俊氏〉

◀戦死者の町葬　墨俣小学校での町葬のようす。戦死者の葬儀は各市町村が主催して盛大に行われていた。〈墨俣町墨俣・昭和18年頃・提供＝大垣市墨俣地域事務所、高田弘子氏蔵〉

▼焦土と化した大垣　昭和20年7月29日未明、B29爆撃機90機による空襲直後の大垣市内。合計6回にわたった空襲の最後にして最大級の被害をもたらし、市街地の約6割が焼失した。〈大垣市内・昭和20年・提供＝セイノーホールディングス〉

3 懐かしい風景や街並み

昭和二十年三月から七月にかけての空襲で、大垣市は市街地の五四パーセントを焼失した。

大垣駅付近では終戦直後からバラック建ての商店街がつくられていたが、昭和二十六年に城東市場が火災に遭い焼失してしまう。その後に市は付近一帯を防火建築帯とし、再開発していった。商店と住宅併用の鉄筋コンクリート造の商店街をめざした防火建築や、駅前通りの道路拡幅も併せてなされた。また駅前商店街では、同二十五年からネオン灯、アーケードと順次に設置。商店街のモデルケースとなり、全国から多くの視察者が訪れた。

その後、市街地再開発に着手し、林町と室村町の立体交差、船町川の埋め立て、幹線道路の整備なども図られた。

大垣市は東海道本線によって市街地が南北に分断されており、当時は林町の踏切と室村町の地下道が南北を結ぶ主要通路であった。しかし、踏切は遮断機の下りている時間が長く、地下道は高さがない上に狭く、通行し難かった。それらを解決する立体交差が昭和三十一年に完成し、市南北の交通が格段に便利となった。

また、昔の船町の通りは、東西に流れる船町川を挟んで両側に道が敷かれ、東から順に一つ目橋、二つ目橋……と橋が架かっていた。この状況が自動車交通に不便であったため、昭和三十一年より川が埋め立てられ、広い道路に変わった。

かつて大垣の道はデコボコで、雨が降ると水たまりがあちらこちらにでき、風が強い日は砂ぼこりが舞った。荷車が水たまりに車輪を落として動けなくなった光景は、見慣れたものであった。それらの道にアスファルト舗装等が施されたのである。

市街地では防火建築が増えるとともに、商店街も活気を取り戻していった。竹島町を中心に映画館が集まり、郭町には銀座街があって、多くの市民が足を運ぶ界隈であった。銀座街は現代から見ると薄暗く狭い通りであったが、ここでラーメンやアイスクリームを食べ、流行の服を見て買い物することは、市民の楽しみであった。その後、グランドタマコシやヤナゲン百貨店等の大型店舗が建ち、商店街の様相も変わっていった。

大垣の周辺部を眺めると、戦後しばらくはまだまだ堀田の風景が広がっていたが、車社会の発達とともに少しずつ埋め立てられていった。

（坂東　肇）

▲住吉燈台と青果市場周辺　水門川の河港跡には当時卸売市場があり、写真左側には青果市場、奥の貝殻橋の右手に丸魚、丸青があった。水門川右岸は市場に出入りする業者のトラックが列をなし、早朝の賑わいがうかがえる。市場は昭和49年に古宮町へ移転し、公設地方卸売市場となった。〈船町・昭和43年・提供＝河合孝氏〉

▲駅前通りと天神丸商店街　戦後の都市計画により、駅前通りは拡幅されることになった。また、昭和26年の城東市場火災を教訓として耐火性のある鉄筋コンクリート造の店舗建築が進められていた。写真は4月に完成した三階建ての店舗から東を望んでいる。駅前通りの東側にはナンデモヤ、神保金物、吉田ハム、魚賢、宝月堂、寿し安が北から南に並ぶ。〈郭町・昭和28年・提供＝杉原幸夫氏〉

▶道路拡張中の駅前通り　上の写真と同じ建物から南東を望んでいる。写真右側の建物の1階は商店、2階以上は住居であった。道路拡幅のため、パチンコ十万石より南もこれから西側へ移転することとなる。〈郭町・昭和28年・提供＝杉原幸夫氏〉

▲共栄百貨店屋上から眺めた駅前通り 改修半ばの天神丸商店街である。戦後の急造家屋がなくなっていく時代を捉えた一枚。撮影場所の共栄百貨店の建物は、この後用途や屋号の変更が繰り返され、現在は大垣市守屋多々志美術館として利用されている。〈郭町・昭和31年・提供＝羽根田友宏氏〉

▲駅前通りから大垣駅を望む 写真中央から右（東）辺りが新大橋である。新大橋の手前（南）に東海銀行大垣支店（現三菱UFJ銀行大垣支店）、マルタカ果物、美津濃スポーツ、ナンデモヤ、城東金物と続く。〈郭町～高屋町・昭和35年・提供＝説田武紀氏〉

▶大垣駅南口の水都タクシー営業所付近 当時の駅前には「亀の池」があった。亀の池は、昭和61年からの駅前改修に先立ち、同59年に大垣市役所前の丸の内公園へ移転したが、平成30年に大垣駅南の広場に再び移る予定である。〈高屋町・昭和31年・提供＝浅野誠氏〉

▲共栄百貨店屋上から西を望む　中央から奥へ伸びるのは神田町通りである。右手に昭和28年に建設されたスポーツセンター、左手に消防署の望楼、改築前の市役所が見える。スポーツセンターの手前の道は拡幅される前の駅前通り。〈郭町〜御殿町・昭和31年・提供＝羽根田友宏氏〉

▼共栄百貨店屋上から東の眺め　大垣文化洋裁学院（現平野学園）の右手奥に中町の乗蓮寺の屋根が見え、その手前に東映劇場の屋根が見える。本町、中町、新町、それより東方も遠望できる。〈郭町・昭和33年・提供＝臼井孝氏〉

▲郭町交差点付近①　通り右側（東）の奥の建物が共栄百貨店、手前は大垣共立銀行本店である。その手前は大垣郵便局。左端の「狂った果実」の看板は日活劇場のものである。〈御殿町～郭町・昭和 31 年・提供＝羽根田友宏氏〉

▲郭町交差点付近②　写真左の建物は、上写真の右奥と同じもので当時の名称はマルイ百貨店であった。中央から右に広瀬文具、フジパン、バナナ屋、広濃屋と商店が続く。当時この道路は国道 21 号であった。〈郭町・昭和 40 年代・提供＝梶川靖彦氏〉

▲濃飛護国神社とスポーツセンター　写真左手には戦後再建された濃飛護国神社、右手にはスポーツセンター（現大垣城ホール）がある。スポーツセンターではローラースケートも楽しめた。手前のグラウンドは野球場。〈郭町・昭和 30 年代・提供＝臼井孝氏〉

▲スポーツセンター前の風景　郭町交差点手前から東を見ている。中央に広瀬文具、信号を右へ曲がると大垣共立銀行。この後、道路拡幅が行われて奥へと続く道路は広くなっていく。〈郭町・昭和 43 年・提供＝梶川靖彦氏〉

▲郭町東付近　南から北を見ている。左にモードカトレア、すみれ洋装店、名古屋銀行大垣支店が並び、その前を走る車の右手に長勝寺がある。左手に入った路地が大垣銀座街である。〈郭町東・昭和62年・提供＝横幕孜氏〉

▼新旧市役所前の通り　道の突き当たりにあるのが大垣市役所旧庁舎。その奥に建てられたばかりの新庁舎が見える。道の左側に渡辺病院、右側に田中電気商会、坪井タバコ店がある。〈御殿町～丸の内・昭和39年・提供＝中島隆夫氏〉

▶大垣郵便局前　右手が昭和39年11月に裁判所の跡地に移転した大垣郵便局である。左手に東島病院の看板が隠れ見え、前方には耐火建築13号棟がある。〈御殿町～郭町・昭和40年・提供＝中島隆夫氏〉

◀大垣市役所前　岐阜国体が開催された年で、皇太子市役所訪問記念旗がある。9月に皇太子が水球競技を、10月には昭和天皇皇后が体操競技、高松宮妃が自転車競技をご観覧された。〈丸の内町・昭和40年・提供＝中島隆夫氏〉

▲藩校のトネリコの木　この地には、かつて大垣藩の藩校があった。トネリコの木は、江戸末期に孔子像を祀った大成殿が藩校に造られた時、雷除けとして植えられたと伝えられている。藩校跡地には昭和4年から市立図書館が建てられ、現在は保健センターとなっている。大垣市の指定天然記念物である。〈東外側町・昭和32年・提供＝佐久間敏雄氏〉

▼大垣瓦斯のガスタンクと水田　代掻《しろか》き前の水田である。〈寺内町・昭和30年代・提供＝早藤照雄氏〉

▶国道 258 号旭町交差点　岐阜国体秋季大会の体操競技ご臨席のため、スポーツセンターに向かわれる天皇皇后をお迎えする人々。女生徒の手に国旗が握られ、道路には警察官の姿も見える。〈南高橋町・昭和 40 年・提供＝早藤照雄氏〉

▼南高橋町付近を通る旧国道 21 号　この付近の旧国道 21 号は、現在県道 237 号となっている。この道は、昭和初期の岐垣《ぎえん》国道工事に伴い、藤江町から郭町交差点までの乗り入れ道路として工事されたもので、岐阜への交通で多く利用された。〈南高橋町・昭和 40 年代前半・提供＝臼井優二氏〉

▲神田町の風景　水門川に架かる清水橋の西にある菊一刃物店の前で撮影した一枚で、左手には田中材木店が見える。現在は片側２車線の県道 237 号が整備され、周辺は一変している。〈神田町・昭和 38 年・提供＝菊一刃物〉

▲藤江町の風景　藤江町を南北に通る道である。舗装前で、自動車の通りも少ない。当時は道路で遊ぶ子どもたちが、よく見られた。〈藤江町・昭和 43 年・提供＝梶川靖彦氏〉

◀竹島の映画館界隈　竹島町の映画館、大垣松竹劇場の入口付近である。竹島町には他にもテアトル国際と竹島劇場、近くには日劇や東映会館もあったので、この辺りは映画を観に来る人で賑わっていた。〈竹島町・昭和 41 年・提供＝加藤まり子氏〉

▲船町川の二つ目橋付近　現在の船町 4 丁目付近。かつてあった船町川には、一つ目橋から五つ目橋までの 5 つの橋が架かっていた。今は川が埋め立てられ、橋の親柱だけが残る。〈船町・昭和 30 年頃・提供＝加納喜長氏〉

◀船町通り　三輪酒造東付近。写真は大名行列を模した大垣まつりの行列である。少年の左には船町川が流れている。船町川は昭和31年から埋め立てられた。〈船町・昭和30年頃・提供＝加納喜長氏〉

▶工業口バス停から東を見る　船町の愛宕神社前から船町交差点方面を望む。昭和31年までは道路中央に船町川が通っており、この辺りから西の道幅は歩道幅程度しかなかった。〈船町・昭和62年・提供＝横幕孜氏〉

◀奥の細道むすびの地石碑　松尾芭蕉は大垣で『奥の細道』の旅を終えている。左手奥の道標には、芭蕉と親交のあった谷木因《たにぼくいん》作と伝わる「南いせくわなへ十りざいがうみち」の句が刻まれている。現在は「奥の細道むすびの地記念館」の中に展示されており、同地にあるのは複製である。〈船町・昭和60年頃・提供＝横幕孜氏〉

▲世安町より高橋を見る　水門川の奥に市役所が見える。左側の住吉荘、徳田屋ビルの場所には、平成24年に奥の細道むすびの地記念館が建設された。船町ビルは平成29年に撤去された。〈世安町・昭和62年・提供＝横幕孜氏〉

▲東より星和中を望む　昭和57年開校の星和中学校は、旧和合村と旧中川村の境に建つ。ガラス張りの体育館と白亜の校舎が建つ校地は、元は牛舎と田んぼであった。〈大島町～楽田町・昭和62年・提供＝横幕孜氏〉

▶伊吹山の風景　大垣では、西を眺めればいつも伊吹山があった。この頃はまだ、家がほとんど建てられておらず、杭瀬川の堤防が見える。〈宿地町・昭和26年頃・提供＝白木英武氏〉

◀砂利道だった県道18号　昭和40年代頃までは、未舗装の砂利道がまだ多く残っていた。風が強い日には埃がたち、雨が降ると随所に水たまりができた。〈宿地町・昭和32年頃・提供＝白木英武氏〉

▶造成中の綾野昭和台ニュータウン　昭和47年に宅地造成が始まり、同60年から入居が開始され、純農村地域が一変した。写真中央は綾里小学校。上部には東海道新幹線が見える。〈綾野・昭和55年・提供＝吉倉量彦氏〉

▲開発住宅　戦後の住宅不足解消のために、昭和 26 年に公営住宅法が成立した。これに基づき大垣市でも公営住宅建設計画が立てられ、禾森、鶴見、長松、和合地区に市営住宅が建設された。〈開発町・昭和 62 年・提供＝横幕孜氏〉

▼開発住宅遠景　大垣輪中堤下に広がる住宅地。4 軒 1 棟で整然と建ち並んでいる。左手奥に八幡神社の森、右手奥に昭和 57 年開校の星和中学校が見える。〈開発町・昭和 62 年・提供＝横幕孜氏〉

▶桧町の農家から見る伊吹山　藁の稲架掛《はざか》け越しに伊吹山が見える。冬になると伊吹おろしが吹きすさび、その冷たさは骨身にしみた。〈桧町・昭和30年・提供＝佐久間敏雄氏〉

◀久瀬川町の旧国道21号　垂井や養老方面から大垣市に来る場合、久瀬川町は市内への入口にあたるため、昔から多くの商店があった。旧国道21号（現県道31号）沿いには、洋品店、料理屋、薬局、靴屋、酒屋、自転車屋、米屋などあらゆる商店が建ち並び、生活用品はここですべて揃えることができた。〈久瀬川町・昭和45年頃・提供＝渡邉和子氏〉

▶十六町付近の風景　その年の豊作を思わせるような、のどかな「藁塚」の風景である。この写真より10年程前の昭和30年に、十六町は大豊作を祝って、青年会による豊年踊りを執り行っている。この年は、前年の大垣市との合併と豊作祝いを兼ねて、松坂踊りが奉納された。〈十六町付近・昭和39年・提供＝河合孝氏〉

▶大垣商業高校付近で　岐阜バス西大垣営業所前で撮影したもので、後ろは大垣商業高校である。この頃の同校は、現在のスイトピアセンターの位置にあったが、移転した後も50メートルプールは残り、大垣市民プールとして利用された。岐阜バス西大垣営業所があった場所は現在住宅が建っている。〈室本町～西崎町・昭和41年・提供＝細野國弘氏〉

◀舗装前の揖斐川堤防　平町付近。平町は明治期の揖斐川改修で分断された。昭和30年代の堤防は、ほとんど舗装されておらず、河川敷には農作物が植えられていた。〈平町・昭和31年・提供＝羽根田友宏氏〉

▶揖斐川の砂利取り場　川の砂利取りは各所で行われた。川の運ぶ大量の土砂は、河床を上昇させ、洪水の原因になる。砂利取りに合わせて川底をさらうのは大切なことであった。〈三本木付近・昭和33年・提供＝細野國弘氏〉

▲長沢ビルより西を望む　昭和 49 年までは国道 21 号だった県道 31 号。道路の右側に長沢ビル、左側にパール美容室、天近、大垣信用金庫の看板が見える。〈鶴見町・昭和 62 年・提供＝横幕孜氏〉

▼寿町付近より西を望む　道路は県道 18 号である。写真右手に結婚式場の大安がある。〈寿町〜犬ケ渕町・昭和 62 年・提供＝横幕孜氏〉

▲小野小学校南側付近　横断歩道と子ども用の標識、運動場沿いに高く張られたネット、校庭の樹木など今も変わらない学校周辺の風景である。〈小野・昭和63年・提供＝梶川靖彦氏〉

▼早苗町の風景　昭和60年代には、多くの道路が舗装され、交通量も増えた。建物も鉄筋コンクリート造のものが多く、現在とさほど変わらない風景である。〈早苗町・昭和63年・提供＝梶川靖彦氏〉

◀水門川堤防　ある雪の日の水門川堤防である。写真奥には川口神明神社がある。〈川口・昭和 30 年代・提供＝早藤照雄氏〉

▼水門川　堤防から水門川を南に望む。右には川口の水防倉庫が見える。水防活動に必要な杭や砂嚢《さのう》などの資材を保管する水防倉庫は郷倉《ごぐら》とも呼ばれた。〈今福町～川口付近・昭和 30 年代・提供＝早藤照雄氏〉

▼島里地区の旧景　当時の洲本農協（現 JA にしみの洲本）の 2 階から撮影した一枚。〈島里・昭和 34 年頃・提供＝早藤照雄氏〉

▼田んぼが広がる浅草地区　国道258号浅草の横断歩道橋付近。ある雨の日、歩道橋を渡って江東小学校へ通う児童が写る。〈浅草・昭和48年・提供＝早藤照雄氏〉

▲浅草の火の見櫓　火の見櫓の下に消防ポンプ小屋がある。右手前は輪中集落に伝統的に見られる水屋を備えた建築「大橋家住宅」で、昭和63年に岐阜県の重要有形民俗文化財に指定された。〈浅草・昭和30年代後半・提供＝早藤照雄氏〉

◀かつての国道258号
仕事帰りの耕耘《うん》機が国道を通る。長閑《のどか》だった当時のようすが伝わってくる。〈浅草・昭和46年・提供＝早藤照雄氏〉

▲建設工事中の国道 258 号　拡張工事中の国道 258 号である。この周辺は「堀田」が広がる地域のため、道路完成後も土をとった堀潰《ほりつぶれ》部分が下がり、自動車で走るとその段差がわかることがあった。〈築捨町・昭和 40 年頃・提供＝河合孝氏〉

▶堀田の埋め立て　「堀田」は田面の一部を掘り取って隣接する田面に盛り土する輪中地帯特有の水田である。蛇行しながら延びる畦は水を溜めるもので、埋め立て作業は地元の主婦も参加して実施された。何本も打たれた杭は排水用の鉄管を置く足場。写真左上の高い煙突を有する建物は昭和 37 年に建てられたごみ焼却場。その後、ごみの増加と大型化に伴い、同 46 年には清掃センター、平成 8 年にはクリーンセンターが建設された。現在の国道 258 号付近から東向きに撮影した一枚。〈築捨町・昭和 41 年頃・提供＝伊坂敏彦氏〉

▲円興寺の集落　藁葺き屋根と瓦屋根が混在する風景。昔ながらの農家は、南側に作業のできる広い庭があった。八畳間を4つの田の字型に配置した間取りは、ヨツハチと呼ばれていた。〈青墓町・昭和25年・提供＝安田卓美氏〉

◀青墓小学校の大けやき　校庭の中央には同校のシンボルである17メートルの大けやきがそびえ、四季折々に姿を変えながら子どもたちの成長を見守り続けた。〈青墓町・昭和35年・提供＝安田卓美氏〉

▲中山道を走るバス　狭い中山道ではあるが、バスが走った。山麓には石灰工場が並んでいる。〈赤坂町・昭和30年頃・提供＝河合孝氏〉

▼昭和30年頃の金生山　江戸期より良質な石灰岩や大理石が採れることで知られていた金生山。この頃はまだ山の中央部まで掘削が進んでいなかったが、以後採掘が進んだ。山を砕く発破の音は遠くからもよく聞こえた。〈赤坂町付近・昭和30年頃・提供＝河合孝氏〉

▶金生山神社　金生山の中腹にあり、金生山化石館が隣接している。境内には大理石細工の祖とも言われる谷鼎の石碑がある。また、周辺には群集墳も散在している。〈赤坂町・昭和40年頃・提供＝臼井孝氏〉

▼矢橋家住宅　岐阜県屈指の名家、矢橋家の邸宅は中山道美濃赤坂宿の中心部にあり、江戸末期から明治期の町家の建築様式を今に伝えている。写真左手の門は、赤坂宿本陣の門を移築したと伝わる。〈赤坂町・昭和58年・提供＝長澤均氏〉

▶**美濃国分寺跡発掘以前の青野地区**　この地に美濃国分寺は眠っていた。ほとんどが水田であったため、寺院全体にわたって確認できる全国的にも貴重な国分寺跡である。昭和43年から発掘調査が始まり、現在は史跡公園となっている。〈青野町・昭和40～42年・提供＝安田卓美氏〉

◀**東海自然歩道の道案内**　美濃国分寺跡の史跡整備が完了し、大垣市歴史民俗資料館が昭和57年に開館した。すぐ脇を通る東海自然歩道を散策する人たちの案内をする道標の遠方に霊峰伊吹山を望むことができる。〈青野町・昭和58年・提供＝長澤均氏〉

▶**杭瀬川**　当時、杭瀬川は今よりも深く、夏には泳ぐのに最適であった。春まだ浅い川面に、櫓漕ぎの木船が浮かぶ。〈多芸島～野口付近・昭和49年・提供＝早藤照雄氏〉

▶城南市場　駅前通り西側にあった戦後のバラック建てを残す商店街である。正面に見える大きな建物は、飛行機格納庫を移築して完成したスポーツセンター(現大垣城ホール）である。〈郭町・昭和28年頃・提供＝加納喜長氏〉

▲本町商店街　祭軸が巡行する本町通りを北から望む。左手にはヴォーグ洋装店、小川紙店、臼井時計本店、タカケンなどが並ぶ。〈本町・昭和38年・提供＝佐久間敏雄氏〉

▲大垣市商店街　アーケード天井から下がる年末年始大売り出しの看板には新幹線が描かれている。東海道新幹線の開通は昭和 39 年である。右手に近江屋、澤田屋と並び、正面に大垣駅が見える。〈高屋町・昭和 39 年頃・提供＝早藤照雄氏〉

▲新城東商店街を西に望む　新城東のアーチと、正面奥に駅前通りの耐火建築が見える。昭和 26 年の城東市場火災の後にできた所である。〈郭町東・昭和 62 年・提供＝横幕孜氏〉

▶**荒物店**　かつてはどの商店街にも家庭用雑貨を扱う荒物店があったが、大型ホームセンターが増え、姿を消していった。写真は旧国道21号沿い、静岡屋の東側にあった荒物店。〈久瀬川町・昭和23年頃・提供＝渡邉和子氏〉

▼**傘と釣具の店**　物が少なかった時代は、家庭用雑貨は修繕しながら使うのが当たり前だった。販売のみならず修繕も引き受ける小売店も多かった。写真は傘と釣具の静岡屋。久瀬川神社の祭りの日で、店先に提灯が飾られている。〈久瀬川町・昭和29年頃・提供＝渡邉和子氏〉

▶駅前通りの八百吉　蛍光灯の下、店内に品々が整然と並び、店頭から見やすくなっている。歩道上にも商品が積まれている。〈郭町・昭和36年頃・提供＝杉原幸夫氏〉

▲八百屋の店先　子どもたちの回りにはカボチャ、キュウリ、リンゴ、バナナ、ゴボウ、ダイコンと多彩な野菜と果物。奥の棚にも色々な商品が並び、入口には冷菓もある。〈南高橋町・昭和26年・提供＝杉原幸夫氏〉

▲水門川沿いの露店　ザルに山と盛られた野菜に、天井から吊るされた裸電球。買い物客は自転車を停めて気軽に声をかけ、割烹着姿の女性が相手をしている。〈郭町・昭和 49 年・提供＝佐久間敏雄氏〉

▶貸本屋　市役所から東に伸びる通りの北側にあった安藤貸本店。貸出料は 1 日 10 ～ 20 円で、漫画や雑誌「平凡」、「明星」などを扱っていた。正月を祝う門松が飾られている。店前で微笑む婦人は正月の装いである。〈御殿町・昭和 34 年・提供＝中島隆夫氏〉

▲マルイ百貨店　駅前通りと国道21号が交差する郭町の交差点に建つ百貨店。幾度となく用途や屋号が変遷したが、この建物は今も大垣市守屋多々志美術館として残っている。〈郭町・昭和39年頃・提供＝臼井孝氏〉

◀くみあいマーケット多芸島店　大垣南農業協同組合マーケットの2号店である多芸島店。多くの客で賑わう開店時のようすである。〈入方・昭和49年・提供＝早藤照雄氏〉

▶本町にあった柳源商店　右下の看板には「高級純毛はんぱ切大特売」とあり、多くの人が集まっている。ヤナゲン百貨店の前身である。〈本町・昭和32年・提供＝河合孝氏〉

▲▶ヤナゲンの屋上遊戯場　本町から移転し、ヤナゲン大垣本店として昭和36年12月駅前に開店した。当時の多くの百貨店のように、最上階には遊戯場があった。外に出ると屋外遊園地となっており、観覧車もあった。〈高屋町・昭和41年・上：提供＝佐久間敏雄氏／右：提供＝菊一刃物〉

▲旧士族中島邸　かつては、このような士族屋敷の門や、大垣城の一部を移築した門が残っていた。現在はほとんど見られなくなった円筒形の郵便ポストが昭和を偲ばせる。〈郭町・昭和25年・提供＝河合孝氏〉

◀カネマル守屋孫八本家
廃業後の味噌溜醸造元の建物である。その奥には現在も営業を続ける三輪酒造澤田屋本家がある。〈船町・昭和62年・提供＝横幕孜氏〉

▲旧大垣消防本部　「防火には知恵と用意と心がけ」の標語や、「火事救急は 119」の看板、未来博 88 の文字が見える。消防本部は平成 17 年に外野へ移転し、現在ここには中消防署分駐所がある。〈丸の内・昭和 62 年・提供＝横幕孜氏〉

▲大垣警察署　旭町にあった旧庁舎は大垣空襲を生き延びた希少な建物で、そこから昭和 45 年 9 月に移転した。翌 46 年 2 月には写真右側に見える岐阜県西濃総合庁舎が完成した。〈江崎町・昭和 62 年・提供＝横幕孜氏〉

▲岐阜県西濃総合庁舎　昭和 17 年に丸の内に開設された西濃事務所は、同 46 年に江崎町へ移転した。ここには西濃県事務所、大垣土木事務所、西濃保健所などが入っている。〈江崎町・昭和 62 年・提供＝横幕孜氏〉

▼大垣市立図書館　大垣市市制 60 周年事業として着工され、昭和 55 年 1 月に完成し、東外側町の旧館から移転した。写真右側は文化公園となっている。〈室本町・昭和 58 年・提供＝横幕孜氏〉

▲大垣市浄化センター　昭和36年に大垣市築捨終末処理場として開設、同50年に大垣市浄化センターと改称された。写真左の建物は、同56年に完成した管理本館である。このセンターで浄化した水は、最終的に水門川へ放流される。〈築捨町・昭和63年・提供＝横幕孜氏〉

▲金生山の中腹にあった赤坂町産業館と赤坂商工会議所　産業館の建物は、昭和39年から金生山化石館となっている。右は赤坂商工会議所。明治8年築で、当初は赤坂の中心地に岐阜県警察第2区大垣出張所の第5分区屯所として建てられた。昭和7年に赤坂商工会議所として山麓に移築された。〈赤坂町・昭和40年頃・提供＝臼井孝氏〉

フォトコラム 大垣城 ――城跡の風景

江戸時代の大垣城は、戸田十万石の象徴として、街の中央にその優美な姿を誇っていた。明治になると、いわゆる「廃城令」によって、城の施設は次々に払い下げられていった。そんな中、かろうじて本丸については、中学校用地として大垣に下げ渡されたため売却の難を逃れ、一帯は大垣公園として保存された。

その後の大垣城は大垣のシンボルとして、市民の心のよりどころとなり、大正七年の市制施行祝賀では、城を電飾で飾った。昭和十一年に天守と艮隅櫓《うしとらすみやぐら》が国宝に指定された時には、お城まつりが盛大に行われた。しかし、昭和二十年七月二十九日の大垣空襲で全焼し、国宝大垣城は二度と見られなくなってしまった。

空襲によって大垣城の遺構は石垣のみとなってしまったが、天守があった高台には展望台が造られ、大垣公園に隣接してスポーツセンターが建てられた。公園内には野球場、児童遊園、動物舎なども設けられた。当時の大垣公園は、娯楽施設のない時代とあって、家族連れが出かける格好の場所となっていた。ただ、市民にとって「お城」のない公園は物足りないものであり、再建は悲願であった。一時、大垣城の外観を模した給水塔を造るという計画も出されたが、城再建に対する市民の願いは大きく、資金の寄付が募られ、再建の気運が盛り上がっていった。

やがて、市民と各種団体等からの寄付金により、昭和三十三年の市制四〇周年記念式典に合わせて天守再建工事が起工された。翌年に往事の外観を再現した姿で完成し、天守内に設けられた郷土博物館には、戸田家ゆかりの武具などが陳列された。その後も整備は続き、昭和四十一年には乾《いぬい》隅櫓、同六十年には戸田公入城三五〇年を記念して、艮隅櫓、西門、土塀の修景整備がなされた。

平成の世となり、平成十二年には「決戦関ヶ原大垣博」が開かれて、大垣公園一帯がメーン会場となり大いに賑わった。しかし同十六年には、長年親しまれてきた動物舎が、老朽化により取り壊しとなった。現在その場所には大型複合遊具が備えられ、各種イベントの中心会場として、市民の憩いの場となっている。

（坂東　肇）

◀**焼失前の大垣城**　昭和11年に天守と艮隅櫓《うしとらすみやぐら》が国宝とされた。その当時の姿である。南東から撮影したもので、白壁が美しい。〈郭町・昭和10年代・提供＝加藤まり子氏〉

▲焼失前の大垣城前に並ぶ富士自転車宣伝隊　戦前の大垣城前広場は、戸田公入城300年祭やお城まつりの式典会場となるなど、催事の中心であった。写真は、兵士の姿となった富士自転車宣伝隊。場所は現在の西門付近である。〈郭町・昭和10年代前半・提供＝加納喜長氏〉

▼軍の徴用車輌への祈祷　戦争末期に車輌が不足し、民間の優秀車輌が徴発された。写真は大垣城前広場に集められたこの地域の徴用車輌。西濃トラック運輸の田口利八社長が輸送隊長となり、徴用車輌に祈祷が行われている。〈郭町・昭和17年・提供＝セイノーホールディングス〉

▼焼失後の大垣城天守閣付近②
焼失後の石垣を背にした大垣工業高校の生徒。下駄履き姿が時代を表している。〈郭町・昭和 27 年・提供＝白木英武氏〉

▲焼失後の大垣城天守閣付近①　昭和 20 年 7 月 29 日の空襲により、大垣城は全焼して石垣が残るのみとなった。天守の位置には簡単な展望台が造られたが、市民にとって「お城再建」は悲願であった。写真は、北西より天守跡を写したものである。〈郭町・昭和 25 年頃・提供＝河合孝氏〉

▼大垣公園での興文小学校写生会　写真右手に戦後建設されたラジオ塔があり、左手奥には昭和 7 年に建設された石造の大垣消防組員頌徳碑がある。大勢の児童が思い思いの場所で写生に取り組んでいる。〈郭町・昭和 27 年頃・提供＝横幕孜氏〉

▲◀再建工事風景　昭和31年に大垣城再建発起人会が組織され、各町内で再建浄財が募られた。再建資金は基本的に市民や各団体の寄付金であった。同33年5月、市制40周年記念式典に合わせて起工式が行われ、翌年4月に完工式が挙行された。〈郭町・昭和34年頃・提供＝伊坂敏彦氏〉

▲再建中の大垣城と再建工事の櫓《やぐら》　天守再建工事のための櫓にかけられた「祝再建大垣城」「春爛漫大垣城に光あれ」の看板が目を惹く。右側に再建途中の大垣城が見える。〈郭町・昭和32年・提供＝山村敏朗氏〉

▶大垣公園にあった動物舎　平成16年まで、大垣公園には動物舎があった。市民がよく学校の遠足や家族連れで訪れる場所であった。昭和30年代の広報には、「若クマ、クマゴローが来る」「8匹のサルが仲間入り」などの記事が見られる。〈郭町・昭和37年・提供＝高木浩司氏〉

▲大垣公園の銘板　かつて大垣公園にあったライオンズクラブ銘板である。3度も盗難にあったという。〈郭町・昭和37年・提供＝高木浩司氏〉

◀大垣公園の噴水　かつて大垣公園には野球場、プールなどとともに噴水もあった。戦後間もなくの水都まつりでは、プールで魚のつかみ取りが行われた。〈郭町・昭和 40 年・提供＝臼井孝氏〉

▶第 20 回国民体育大会夏季大会開催式典
大垣公園いっぱいに戸田氏の家紋である九曜紋が描かれ、戸田氏の城下町・大垣の心意気を表している。背景には再建なった大垣城の美しい姿が夜空に映える。〈郭町・昭和 40 年・提供＝子安俊彦氏〉

◀大垣城周景整備工事竣工式　昭和 60 年戸田公入城 350 年記念事業の一環として、大垣城の艮隅櫓の復元と西門、土塀の新築等の周景整備工事が行われた。同年 10 月には戸田公を顕彰する郷土館も開館し、戸田公入城 350 年祭も開催された。〈郭町・昭和 60 年・提供＝長澤均氏〉

4 暮らしを支える生業と産業

大垣は、明治時代のたび重なる水害と濃尾大地震などで一時衰退したが、治水工事や電力会社の設立により近代工業立地の好条件を整え、豊富な地下水を活かして紡績などの大工場を誘致し町勢を伸ばした。大正七年には市制を施行し西濃の中核としてさらに発展。商店街では料理店や和菓子店、旅館、劇場も繁盛した。

しかし昭和初期、満州事変後は、誘致した多くの工場も戦時体制で軍需工場と化した。それだけに空襲による被害も大きく、太平洋戦争末期には市域の大半が焼失した。その復旧のため、市はまず道路整備や住宅確保に注力し、食糧難克服にも努めた。

以後、昭和三十年代にかけて繊維工業が息を吹き返し、戦時中に発達した機械金属鉱工業が成長を始める。市街地では戦災復興、区画整理事業が進み、商店街は防災建築の集団店舗となって町並みを一新する。農業においては農地改革や土地改良法を受け、米の増産を目指した。

昭和三十〜四十年代の高度経済成長期には、交通網の整備や運輸業の伸長により産業都市としてさらに躍進。印刷業や化学工業、赤坂地区の伝統産業である石灰・大理石工業も生産を増大させた。駅前商店街や城東市場、ブラッキ街では、映画館やパチンコ店、衣料品店、電気店などが活況を呈し、七夕祭りやクリスマスセール時は、紡績会社の女子工員や市民で大賑わいとなった。スーパーマーケットや百貨店も全盛を迎えていた。大規模な機械化営農を見据えた土地改良事業も進捗しており、名神高速道路や東海道新幹線の市南部輪中地帯への敷設による代替地造成は特に急がれた。同時に農産物の多様化が求められ、野菜や果樹栽培、園芸のほか畜産、とくに養鶏が盛んになったが、「三ちゃん農業」や兼業農家は増える一方となった。

昭和五十年代、鉱工業が緩やかに業績を伸ばし続けるなか、埋立地等に進出した郊外型のショッピングセンターは大垣の商業環境を大きく変えた。農業も米から他作物への転作が促進され、集団営農化や農機具の導入による省力化など、都市型近郊農業への転換が図られていった。

昭和六十年代に入っても、市の産業は、バブル経済崩壊の影響や業態の変化に対応しながら振興した。とりわけ工業では、工場の大規模化、工作機械や産業ロボットの導入などが進み、工場の市中から郊外への転出や海外工場での生産も多くなった。情報産業も芽吹いた。農業の近代化はなお広がり、営農組織の整備がなされていった。

（長澤　均）

▲農耕馬を引き連れて　現在の綾野栄町団地辺り。写真左上に綾野輪中堤が見え、中央上部（養老橋付近）の小高い部分は旧輪中堤（杭瀬川左岸）である。〈綾野町・昭和33年・提供＝河合孝氏〉

▲苗場と水車　苗場に水を入れる水車は木製で、羽根板の部分を人が踏んで回した。水田に乳母車を引き入れ、泥水にまみれて泣く子に乳をやる母の姿は涙ぐましくも情のこもった風景である。〈綾野町・昭和33年・提供＝河合孝氏〉

▶苗場で苗取り　田植えに備えて、苗場で夫婦が苗取りをしている。手前に浮かぶのは苗を載せて運ぶ田舟。〈西大外羽・昭和30年代後半・提供＝伊坂敏彦氏〉

▶「面差し」をして田植え 堀田の水路に落ちないように竹を目印に立てる面差しをし、田植えをしている。家族や親戚、さらに雇い人を入れて6条植え。他家よりも一日も早く。〈米野町・昭和31年・提供＝河合孝氏〉

◀苗の消毒　稲作の手始めの苗づくりでは、種籾が発芽すると、5月中頃から6月にかけて生育を確かめて害虫防除をする。右手上には、屋敷森に囲まれた茅葺き屋根が見える。〈川口・昭和30年代・提供＝早藤照雄氏〉

▶ヘリコプターで農薬の空中散布　短時間で農薬を広範囲に散布できるため、当時は盛んに行われていた。散布前には、洗濯物を取り込むようにと放送があったという。〈東前・昭和40年代前半・提供＝沼波よしえ氏〉

◀稲刈り　農協職員による共同作業での稲刈り。日本通運の敷地を借りて田植えから刈り取りまで行っていた。〈島里・昭和44年・提供＝早藤照雄氏〉

▶3条刈りバインダー　稲刈り鎌で手刈りし、一束ずつ束ねる苦労を思えば、一気に3条刈りで束ねながら前進とは、こりゃ凄いこっちゃ。〈入方・昭和39年・提供＝早藤照雄氏〉

◀稲刈り途中の昼休憩　蓆《むしろ》を敷いての昼食風景。澄み切った秋空の下、つかの間の歓談が元気を呼ぶ。〈島里・昭和44年・提供＝早藤照雄氏〉

▶石油発動機による脱穀　ガーコンと呼ばれる足踏み脱穀機に比べ効率は数倍。おかげで稲運びは大忙し。空模様が心配なのか2人で稲扱きを急いでいる。6段の稲架の向こうには農家の屋敷森。〈川口・昭和43年頃・提供＝早藤照雄氏〉

◀干し籾　稲刈りと脱穀が終わると、天気の良い日に蓆を敷いて籾干しをする。小さな子どももお手伝い。微笑ましいひとコマ。〈川口・昭和30年代前半・提供＝早藤照雄氏〉

▶米検査　荷札付きの叺《かます》に入った籾の検査。周りに立つ生産者らは、検査官の手元よりも検査結果が気にかかる。〈島里・昭和44年・提供＝早藤照雄氏〉

◀稲刈り後の麦まき　稲刈り後も、籾干しや籾摺りなど仕事はいくらでも湧いてくる。木枯らしが吹く中、雪がちらつかないうちにと姉さん被りで種蒔器で麦まきをしている。来る春を待ちながら。〈川口・昭和38年・提供＝早藤照雄氏〉

▼水中の麦刈り　この年の菜種梅雨は長雨で、輪中南部は水はけが悪かった。しかし、愚痴も言うまいと、足を取られながらも懸命の麦の刈り取り。すぐに田植えが待っている。〈築捨町・昭和30年代半ば・提供＝河合孝氏〉

▶**梨の収穫**　大垣では江戸時代から梨が栽培され、今も若森地区と曽根地区で盛んにつくられている。大豊作に梨を見定める人の目も真剣だ。〈南若森・昭和44年・提供＝早藤照雄氏〉

▼**柿の皮むき**　11月ともなると色付いた渋柿がどんと入荷する。一個ずつ人手をかけて皮むきをし、老舗の柿羊羹用の干し柿を作っている。今では皮むき機による作業に替わった。〈美和町・昭和59年・提供＝長澤均氏〉

▶**柿の陰干し**　渋柿の皮むきが済むと、縄や竹材で吊るし、甘くなるのを待つ。大垣名産の柿羊羹の原料になる。近郊の農家の吊るし柿も含め初冬の風物詩である。〈美和町・昭和59年・提供＝長澤均氏〉

▲レタスの出荷作業　大垣南営農組合で進められた出荷作業。この頃、稲作中心から蔬菜《そさい》栽培も手掛けるなど農業の多角化が進行した。〈入方・昭和48年・提供＝早藤照雄氏〉

▼トマトの手応えずっしりと　苗から育ててやっと収穫した大きなトマト。箱を積み重ねたリヤカーを引いて、これから出荷に向かうのだろうか。〈島里・昭和41年・提供＝早藤照雄氏〉

◀大垣南部椎茸組合集荷場　食生活の多様化と農産物市場の需要増で、営農の形態が変化。シイタケは新規農産物の好例である。〈島里・昭和49年頃・提供＝早藤照雄氏〉

▶シイタケの収穫　原木栽培したシイタケの収穫風景。大きさを見極めながら、ひだに手が触れないように丁寧にもぎ取っていく。〈島里・昭和49年頃・提供＝早藤照雄氏〉

◀花卉《かき》の出荷準備　手早く痛まぬように花卉を揃えている。堀田も干拓により乾田となり、稲作の機械化も進んで営農も一変。各種施設園芸の蔬菜や花卉も栽培可能になっていった。〈浅草・昭和44年・提供＝早藤照雄氏〉

▶林農場植木センター　高度経済成長期を迎え、住宅建築のラッシュとともに造園ブームになり、市内や近郷に何カ所も植木センターや銘石センターが開設された。〈横曽根・昭和49年・提供＝早藤照雄氏〉

▲養蜂　大垣はかつて養蜂業が盛んで、養蜂家が多くおり、レンゲ、リンゴ、アカシアなどの開花期を追って全国各地に巣箱（巣礎）を設置し、蜜を集めていた。巣箱が向けられている方向には、国道21号バイパス道路との間にレンゲ田が広がっている。〈加賀野・昭和52年・提供＝長澤均氏〉

▼洲本養豚組合共同畜舎　岐阜県の家畜預託事業で、畜舎は昭和41年に完成した。現在の昭和町にあった南北の長い建物で200～300頭を肥育して、12カ月で60～70キロまで育て、名古屋高畑市場へ出荷した。他には中川養豚場もあった。写真左手奥に水門川堤防が見える。〈横曽根・昭和41年・提供＝早藤照雄氏〉

▶テズを編む　湿地の葦を刈り取って乾燥させたものを軒先で編んでいる。テズ編みは主に女性が行っていた。葦は広芝池や水門川筋、揖斐川河原で採取され、でき上がったテズは雨よけや風よけ、大根の切り干し用などに用いられた。〈川口・昭和37年・提供＝早藤照雄氏〉

▼叺《かます》作り　農家の軒先や作業小屋で、蓆を二つ折りにして袋を作る。昭和42年の時点で、浅西では7、8軒の生産農家があった。米の入れ物は俵から叺、麻袋、紙袋へと変っていく。〈浅西・昭和42年頃・提供＝早藤照雄氏〉

▲農作業を終えて帰路につく　農作業で疲れた夕暮れ、夕飯の支度で人も急ぐが、牛の足はもっと速い。鞭を当てなくても、黙っていても、慣れた住まいへ「モー進！」。〈浅草・昭和35年頃・提供＝早藤照雄氏〉

▼桑摘み　戦前に全国で盛んであった養蚕は、やがて化学繊維に取って代わられていった。戦後の大垣では、堤外地河川敷や山間の畑地などで蚕のエサとなる桑が育てられ、地域は限定されたがしばらく続けられた。写真は市内でも最後期のようすである。〈横曽根・昭和38年頃・提供＝早藤照雄氏〉

▶蚕の給桑　蚕に濡れた桑の葉を与えると病気になるため、餌を与える時は特に気をつけなければならない。春蚕から晩秋蚕まで年4回ほど飼育する。横曽根は市内でも最も遅くまで養蚕が続けられた。〈横曽根・昭和43年・提供＝早藤照雄氏〉

▼養蚕　ふ化した蚕を飼育場に掃き下ろす「掃き立て」をしてから4回脱皮すると、「上蔟《じょうぞく》」となる。写真の「あがりこ（蔟《まぶし》）」の中へ蚕を移す作業で、幼虫はそこで繭をつくる。その後、蚕が蛹化《ようか》して収繭《しゅうけん》できるようになるのを楽しみに待つ。〈横曽根・昭和43年・提供＝早藤照雄氏〉

▲大垣市農業協同組合　大垣駅前の市街地にあった大垣市農協の本所である。平成6年には東前町への移転に伴い、多目的ホールや広場、研究施設を備えた複合施設・グリーンパークとなった。〈宮町・昭和47年・提供＝早藤照雄氏〉

▼大垣南農業協同組合南杭瀬支所　昭和37年に南杭瀬、多芸島、洲本、浅草の4農協が合併して大垣南農協が発足した。現在の大垣工業高校の北にあった。〈南若森町・昭和38年頃・提供＝早藤照雄氏〉

◀**大垣南農業協同組合多芸島支所**　近鉄養老線友江駅前にあり、大垣南農協機械化営農組合をはじめ、多くの農家の用務に応えた。〈友江・昭和39年頃・提供＝早藤照雄氏〉

▶**中川農協ライスセンター**　大垣では昭和中期に集落営農や機械化営農が進められ、その一環として各地にライスセンターが設置された。近代的な米の乾燥施設は、地域の象徴となった。〈西之川町・昭和47年・提供＝早藤照雄氏〉

▲岐阜県水産試験場　大正13年、当時の安井村禾ノ森に岐阜県水産増殖試験場として開設。昭和3年、同村江崎に移転した。同27年に岐阜県水産試験場と改称、ニジマスの増殖事業やアユの種苗生産など各種試験や研究、調査などを行っていた。35年に萩原町（現下呂市）の試験場との統合により廃止された。跡地には岐阜県西濃総合庁舎が建っている。〈江崎町・昭和30年代・提供＝沼波よしえ氏〉

▶魚を取る仕掛け　現在でも琵琶湖付近で見られる「えり」と呼ばれる仕掛け網。左奥にも見えるが、川幅の広い浅瀬にいくつも設けられていた。竹ですのこを作り、魚が入りやすく出にくい形にして魚を獲った。おもにフナやハエが入ったという。釜笛から船町に向かう道の近くにあったが、現在は埋め立てられている。〈外渕付近・昭和47年頃・提供＝伊坂敏彦氏〉

▶大垣共立銀行本店①　大正13年に建てられたルネサンス様式の本店ビルは鉄筋コンクリート造三階建て、壁面の赤レンガが目を引く建物だった。昭和48年に新本店ビルとなるまで大垣市のランドマークとして市民に愛された。〈郭町・昭和46年・提供＝横幕孜氏〉

▲大垣共立銀行本店②　昭和48年に建て替えられた、17階建ての大垣共立銀行本店。〈郭町・昭和62年・提供＝横幕孜氏〉

▶大垣信用金庫本店　昭和59年に築捨町から移転した。本店前の国道258号の中央線にはまだガイドポストは設置されていない。大垣信用金庫は、平成28年に西濃信用金庫と合併して大垣西濃信用金庫となった。〈恵比寿町・昭和62年・提供＝横幕孜氏〉

▲十六銀行大垣支店と西濃トラック運輸の小口特急配達便　俵物などを積み上げて十六銀行大垣支店前を行くオート三輪は、西濃トラック運輸の集配車。同銀行の建物は、大正 11 年竣工で、昭和 34 年に新築移転するまで使われていた。〈郭町・昭和 24 年・提供＝セイノーホールディングス〉

▶西濃運輸旧本社　旧国道 21 号沿いにあった旭町時代の本社正面玄関である。現在、本社は田口町に移転し、写真の社屋は大井に移築され、昭和 58 年より西濃記念館となっている。〈旭町・昭和 41 年・提供＝セイノーホールディングス〉

◀**西濃運輸新本社**　創立20周年にあたる昭和41年、東海道新幹線と国道258号が交差する場所に完成した。南へ進むと名神高速道路大垣インターチェンジがあり、同社は高速道路運輸などに「日本の中央」という立地を生かし業績を拡大した。周囲はまだ一面水田であるが、現在は住宅に埋め尽くされている。〈田口町・昭和41年・提供＝セイノーホールディングス〉

▶**大垣市体育連盟新年総会**　広濃屋別館にて開催された大垣体育連盟の新年総会で、役員による土俵入りのひとコマ。写真中央が当時の西濃運輸社長・田口利八。体育連盟は、市民の体力向上やスポーツの普及、施設環境の整備等を目的として昭和26年に設立された。〈南頬町・昭和30年・提供＝セイノーホールディングス〉

◀**西濃運輸創立10周年記念社内親善野球大会**　神武景気に沸く昭和30年、西濃トラック運輸は社名を西濃運輸に変更し、資本金を3,000万円に増資した。写真は、その翌年に創立10周年を記念して開催された野球大会。〈大垣市内・昭和31年・提供＝杉原幸夫氏〉

▶上田石灰製造金生鉱山のプラント　上田石灰製造は明治23年の創業。石灰石は戦前まで手堀りやダイナマイト発破によるすかし掘りで採掘されていたが、昭和30年代頃からベンチカット工法（階段掘り）が採用されるようになった。生産も竪型石灰焼成炉による一貫生産体制になった。〈昼飯町・昭和60年・提供＝長澤均氏〉

◀上田石灰製造の労働者　上田石灰製造金生鉱山で、石灰石を掘り出すトンネル前でのスナップ。地面には石灰石運搬用トロッコの線路が敷設されている。当時、採掘の大部分は手作業で行われたため重労働だったという。〈昼飯町・昭和20年代・提供＝伊藤政俊氏〉

▲上田石灰製造遠景　上田石灰製造の事務所、倉庫、工場群が広がっている。写真左下の事務所に㊤の商標が見て取れる。〈赤坂町・昭和40年頃・提供＝臼井孝氏〉

▼矢橋大理石で研磨用石材の処理　原石を裁断して研磨した石材に、処理剤を塗布して仕上げをしている。〈赤坂町・昭和59年・提供＝長澤均氏〉

▼美濃繊維工業工場　戦前からの「繊維のまち大垣」では、戦後も繊維工場の設立が相次いだ。同社も、昭和22年に設立された。毛芯用緯糸、経糸、毛芯地などを生産していた。〈二葉町・昭和41年・提供＝佐久間敏雄氏〉

▲大日本紡績西大垣工場　豊富な地下水がある大垣市には大正期から全国の大手繊維会社が進出していた。同工場を西小学校屋上より望んだ一枚。〈久瀬川町・昭和36年・提供＝佐久間敏雄氏〉

▶若林製糸紡績大垣工場　NHKラジオ体操実況放送が行われた時の記念のひとコマ。〈笠縫町・昭和30年・提供＝子安俊彦氏〉

◀和興紡績　お勝山の南、国鉄美濃赤坂線沿線へ昭和23年に建設された。現在は住宅地として開発されている。〈荒尾町・昭和30年・提供＝濱口浜子氏〉

▶和興紡績の女性従業員　繊維産業全盛期の頃、「繊維のまち大垣」には、九州や北陸など全国から若い労働者、いわゆる「金の卵」が集まった。〈荒尾町・昭和30年・提供＝濱口浜子氏〉

◀盛装して和興稲荷大明神へ　和興紡績の社長宅などへ年始回りをした際に撮影されたもので、男の子の一張羅の服装が凛々しい。和興紡績の敷地内には工場の他、社宅、女子寮、お稲荷さんもあった。〈荒尾町・昭和30年頃・提供＝濱口浜子氏〉

▲揖斐川電気工業　工業都市大垣を象徴する企業のひとつで、この写真が撮影された昭和36年に大型電気炉が稼働を開始、昼夜を問わず操業していた。見上げる高さの炉と煙突は夜空を朱く染め、遠くからもよく見えた。昭和57年、創立70周年を機に社名が「イビデン」に変更された。本社は今も西大垣駅東にある。〈神田町・昭和36年・提供＝佐久間敏雄氏〉

▼木戸町の工業地帯の夜景　戦後の高度経済成長期初め頃。大垣のコンビナートの夜を彩る風景。〈西崎町～木戸町・昭和30年・提供＝佐久間敏雄氏〉

▲大垣液化ガスのガスタンク　東から見ている。ガスの増減によりタンクの高さが変化した。〈寺内町・昭和62年・提供＝横幕孜氏〉

▶日本耐酸罎《びん》工業の工場に並ぶ耐酸罎　昭和5年の創業当時から酢酸や塩酸等に耐えられる工業用の耐酸罎を製造している。工場では、熟練工が吹きあげた罎を竹籠で巻き上げていた。現在、同工場は中曽根町に移転している。〈木戸町・昭和36年頃・提供＝河合孝氏〉

▶日本合成化学工業大垣工場
繊維と並び化学工業は戦前から大垣を代表する産業であった。同社では水化塔を建設し、有機合成酢酸の生産を増大させた。〈神田町・昭和36年・提供＝佐久間敏雄氏〉

◀社内運動会　昭和の時代、社員の健康管理やチームワークの向上を目的とした社内運動会を開催する企業は多かった。こういった社内行事は、普段関わりの少ない他部署の社員と交流できる貴重な機会でもあった。写真は日本合成化学健康保険組合大垣支部の第5回秋季運動会のもよう。参加者は社寮生である。〈大垣市内・昭和32年・提供＝伊黒敬雄氏〉

▶運動会の仮装行列　郭町交差点付近を練り歩く仮装行列は、日本合成化学工業大垣工場の社寮生である。〈御殿町～郭町・昭和32年・提供＝伊黒敬雄氏〉

▶企業間の従業員交流会　日本合成化学大垣工場と東亜紡績合同の社員交流フォークダンスのようす。日本合成化学にて行われた。〈西崎町・昭和32年・提供＝伊黒敬雄氏〉

◀振興造機の社員寮　同社工場の西に位置し、その南側には池があった。大きな鯉も釣れた写真の池は埋め立てられ、のちにショッピングセンターのバロー大垣南店が建った。同社は昭和39年に神鋼造機に社名変更している。〈本今町・昭和37年頃・提供＝羽根田友宏氏〉

▶振興造機の工場内引き込み線　近鉄養老線美濃青柳駅からの引き込み線があった。元社員は、通勤者も近道としてよく通ったものだという。〈本今町・昭和37年頃・提供＝羽根田友宏氏〉

▶青野瓦工業小組合事務所の開設　青墓村は瓦製造が盛んで、盛時には20数戸もあった。昭和17年には構成員9名で青野瓦工業小組合が、青墓瓦工業小組合（構成員12名）と共に結成され、瓦製造工業の振興に尽力した。〈青野町・昭和17年・提供＝上野巳次氏〉

◀瓦工場の作業場　広い敷地内の作業場前で、近所の女の子と一緒に職人が記念撮影。辺りでは、瓦が天日干しされている。〈青野町・昭和40年代前半・提供＝西脇角次氏〉

▶瓦窯での焼成作業　窯で日干しした瓦を焼いているところ。7日ほど日干しした瓦を窯で3日間焼成し、その後に窯内で燻化（いぶし）がされる。松材を焚いて出る黒煙が立ち籠もり、良いいぶし瓦となる。この地域では稀なことだが、瓦窯が隣接して2基設置されている。〈青野町・昭和33年・提供＝西脇角次氏〉

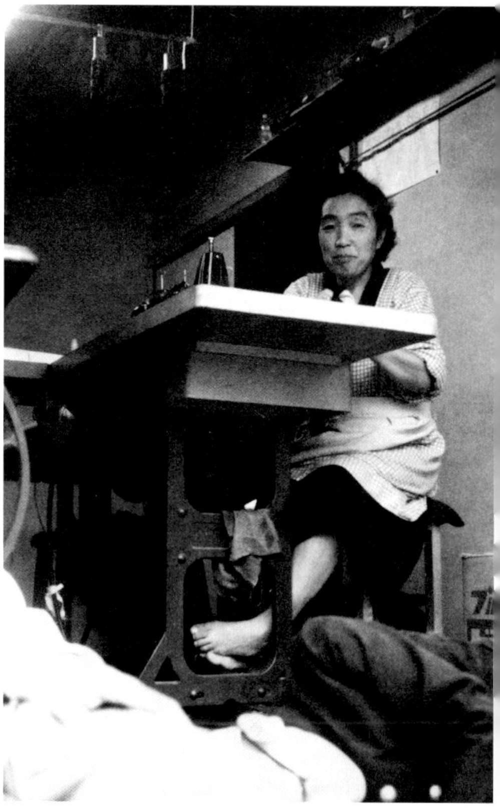

▶ミシンで内職　裁断された生地を縫製し、完成した服をまとめて岐阜市内の問屋に卸していた。〈昼飯町・昭和33年頃・提供＝伊藤政俊氏〉

▼手作業で働く女性たち　堀田の土地改良事業が行われ、耕地整理に女性も駆り出された。〈浅草・昭和37年・提供＝早藤照雄氏〉

▲サンドポンプ工法で埋め立て　当時市南部には、堀田の水郷地域が広がっていた。土地改良事業で水路（堀）はどんどん埋め立てられ、かつての景観は一変することになる。〈川口・昭和37年・提供＝早藤照雄氏〉

フォトコラム　緑豊かなまち・上石津

上石津町は鈴鹿山脈、養老山地、南宮山に囲まれた牧田、一之瀬、多良、時の四地区からなる町である。

戦前、この四地区はそれぞれ人口三千人未満の独立した農山村であった。この時代、牧田・一之瀬地域と多良・時地域の交流は薄かった。勝地峠、多良峡に阻まれ、二つの地域の産業、経済、生活、文化等は、基本的にそれぞれの領域内で完結していたからである。各地区は固有の生業や文化を持ち、農山村の素朴ではあるが心豊かな社会を形成していた。

戦後、四村は単独自治体として小規模であり、財政も豊かでないことから、今後の発展を期して合併協議を進めた。どこに役場を置くかなど協議は難航したが、紆余曲折を経て昭和三十年、上石津村が発足した。当初の人口は約一万人であった。

昭和三十年代に、上石津村は相次ぐ水害によって甚大な被害を受け、復興に多額の資金と多くの労力が費やされた。しかし一方で新農村建設事業が始まり、小学校校舎の建設、商工会の設立、米作や茶業の振興、造林の拡大などが推し進められた。また、各地区の青年団、学校、消防団などは様々な交流や共同活動を活発に行い、村は活性化していった。同四十四年には町制が施行され、上石津町となった。

ところが上石津村発足以降、人口は減少していった。（昭和五十年の国勢調査では七千五百人弱となる。）高度経済成長期に、第一次産業が衰退し、働き場を求めた若年層の都会への流出が全国的に問題となっていたが、同じことが上石津でも起こったのである。町は過疎化を食い止めるため、同四十六年と五十年の二度、町振興計画を立てた。内容は教育文化施設の整備、圃場整備と農業の機械化、林道整備と林業の機械化、工場誘致、観光・レジャー施設の建設、交通網整備等々であった。

こうした取り組みによって、他地域との経済的、文化的交流は大きく拡大した。さらに昭和五十五年には過疎地域振興計画が策定され、豊かな自然を生かした心の安らぎを得られる町づくり開発と、地域住民の就業機会の増大、及び生活の安定が図られた。同五十七年には大垣市との事業である、市と山村の住民交流の場「緑の村公園」が上石津町内に開園した。

（谷口隆康）

▲茅葺きの家　茅葺きの屋根は葛屋《くずや》葺きとも呼ばれていた。戦前には茅葺きの家屋も多かった。この豪壮な家は、多良地区に居を構えた交代寄合旗本高木家の重臣、小寺家のものである。代々葺き替えられていたようだが、昭和30年に瓦葺きに建て替えられた。
〈上石津町宮・昭和20年代・提供＝小寺登氏〉

▶牧田川用水頭首工　上石津を貫く牧田川が渇水すると、水田への取水に度々支障をきたした。そこで昭和９年に広瀬橋下に頭首工がつくられ、牧田川は多くの水田を潤すようになった。建設には山奥から切り出した石材を使ったが、難工事で費用もかかり死者も出た。地元では広瀬ダムと呼ばれる。〈上石津町牧田・昭和32年頃・提供＝芳田一美氏〉

◀大谷の砂防工事　セメント袋を背負って作業したという。第一次産業中心の上石津では、公共工事は現金収入につながる貴重な機会だった。広大な山林では、林業振興と防災のため林道の敷設や砂防工事が行われ、仕事は多かった。〈上石津町牧田・昭和20年代・提供＝藤尾信義氏〉

▶時山青年団の素人演芸会　時山小学校にて。戦後、民主的活動が盛んになった。新青年団の活動はその代表的なもので、住みよい朗らかな村づくりを目指した。他に婦人会、消防団などの団体も、民主的活動を行っていた。〈上石津町時山・昭和25年・提供＝川添勇氏〉

◀平井地区のイノシシ狩り　山間部では昔から農作物や植林苗に多大の被害をもたらすイノシシ、シカ、サルなどの駆除に苦労した。狩猟シーズンの冬場には、グループを組んで猟をする光景がよく見られた。〈上石津町牧田・昭和30年頃・提供＝藤尾信義氏〉

▶四か村合同議会で合併を議決　この年の12月25日に多良中学校で行われた四か村合同議会で、牧田村、一之瀬村、多良村、時村が合併し上石津村となることが決定した。〈上石津町宮・昭和29年・提供＝大垣市上石津地域事務所地域政策課〉

▶**上石津村発足**　昭和30年1月15日に上石津村が発足し、庁舎は西高木家陣屋下の旧多良村役場に置かれた。写真は発足当時の上石津村職員たち。〈上石津町上原・昭和30年・提供＝大垣市上石津地域事務所地域政策課〉

◀**第一回上石津村青年団研修会**　村内の若者たちは連携して交流を深め、スポーツや美化運動などを行った。村長ともたびたび懇談をして村づくりについて意見を述べるなど、意気込みも頼もしかった。背後の建物は牧田中学校。〈上石津町牧田・昭和30年・提供＝伊藤正美氏〉

▶**多良地区村民運動会**　多良小学校で行われた村民運動会での一枚。村民運動会は大切な娯楽の場で、老若男女ほとんどの村民が参加して親睦を深めた。各地区対抗の競技は、地区内の結束を一層高めるものだった。〈上石津町宮・昭和41年・提供＝小寺登氏〉

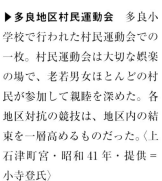

◀門前道場前の稚児行列　寺社も村民の大きなよりどころである。信仰心の厚い村民は、冠婚葬祭等で寺社に深くかかわっていて、日常的にも集会や遊びの場としていた。〈上石津町牧田・昭和 42 年頃・提供＝藤尾信義氏〉

▶牧田川でアユの友釣り　清流牧田川は魚影が濃いため、シーズンになると多くの太公望が訪れた。地元の子どもたちは素手や「やす」でアユを捕っていた。夏の水泳場でもあった。〈上石津町・昭和 43 年・提供＝大垣市上石津地域事務所地域政策課〉

◀一之瀬地区天池平の子どもたち　3 家族の子どもたちで、一之瀬小学校の 1 年生から 6 年生までが勢揃いしている。豊かな自然の中、大きい子から小さい子まで一緒に仲良く遊んだ。忙しい大人に代わり、大きい子が小さい子の面倒を自然に見ていた。兄弟姉妹だけでなく、地区の子でも同様であった。〈上石津町・昭和 46 年・提供＝桐山帛子氏〉

▲セタを背負った職人　木炭を入れる俵を作るため大量の萱《かや》を運んでいる。セタとは背負子《しょいこ》のこと。山林に囲まれた時山ではかつて炭づくりが盛んに行われた。山中には多くの炭焼き小屋が構えられ、炭焼きの煙が立ち並んでいた。当地の炭は品質が良く、近江、伊勢、尾張地方でも販売された。〈上石津町時山・昭和 48 年・提供＝川添勇氏〉

▼時地区の県道 139 号を西に見る　左側は旧時山小学校。同校は昭和 46 年に時小学校と統合し、翌年に廃校となっている。この道はかつての江州街道。伊勢西街道（現国道 365 号）から時地区で分岐し、現在の滋賀県多賀町方面へ続く山越えの道で、往時は物資が行き交い賑わった。関ヶ原の戦いでの「島津退き口」の舞台でもあった。〈上石津町時山・昭和 49 年・提供＝川添勇氏〉

◀上石津町役場全景　左側が当時の役場庁舎。写真中央手前の木は、宝暦治水の際に薩摩藩士が植えたと伝わる「宝暦治水の松」である。以前この松の下に警察の派出所があったが、この頃は上多良に移転し、跡地は駐車場となっていた。〈上石津町宮・昭和48年・提供＝大垣市教育委員会上石津地域教育事務所〉

▶上石津町中央公民館　過疎対策振興計画に基いて、この年に新設された。他には学校統合や青少年プール、グラウンドなど、教育文化施設の整備に重点が置かれた。〈上石津町上原《うわはら》・昭和49年・提供＝大垣市教育委員会上石津地域教育事務所〉

◀上石津農協ライスセンター　農業構造改善事業によりこの年に新設された。機械化の促進によって農業は近代化、大型化され、大規模なライスセンターが必要とされた。〈上石津町上原・昭和49年・提供＝大垣市教育委員会上石津地域教育事務所〉

◀関ヶ原戦跡踏破隊　鹿児島の青少年たちが島津義弘軍の苦労を偲ぶため、関ヶ原合戦の島津勢の退路をたどって踏破した。上石津は「島津退き口」の舞台となっている。旅館・大正館前にて、勇士らの記念写真。〈上石津町宮・昭和 53 年・提供＝小寺登氏〉

▶上石津ぼたん祭り　笙ヶ岳山麓にあった鉱山への入口にぼたん園が開園し、賑わった。〈上石津町・昭和 60 年・提供＝大垣市上石津地域事務所地域政策課〉

▲松の木商店街　各地区ごとに商店街があった。交通網が発達する以前は地区内で生活が完結できるようになっていた。〈上石津町三ツ里・昭和60年・提供＝大垣市教育委員会上石津地域教育事務所〉

◀上石津トンネル開通　交通難所の一之瀬～多良間のトンネル開通は、4地区の緊密なまとまりには必須で、長年の悲願でもあった。この開通で三重県方面への交通が便利になり、交通量が飛躍的に増大した。生活範囲が大きく広がったように感じた町民が多かった。〈上石津町・昭和62年・提供＝大垣市上石津地域事務所地域政策課〉

5 交通の変遷

江戸時代、人は基本的に徒歩で移動し、物は馬や船で輸送された。明治になり鉄道が開通すると、鉄路による物資の大量輸送が可能となった。大正から昭和前期には、養老鉄道（大正二年）、国鉄美濃赤坂線（大正八年）、西濃鉄道（昭和三年）が相次いで開通し、大垣地域に鉄道網が形成されるのに伴い、物流の主役は船運から鉄道へと移っていった。しかし、昭和二十年七月の「大垣空襲」により市街地の五四パーセントを焼失、その大半は瓦礫《がれき》の山と化した。

戦後の復興は、罹災地域の区画整理と道路網の整備から始まった。林町と室村町にそれぞれ立体交差が建設され、国道二一号（現県道三一号）の整備で船町川が埋め立てられた。加えて、塩田橋から中曽根町までが直線化されるなど、次々と道路が一新されていった。

道路が整備されると、大垣自動車（現名阪近鉄バス）により、市民生活に密着した市内循環バスの運行も始まった。さらに、昭和二十八年には岐阜乗合自動車が大垣駅前にバスターミナルのビルを建設すると、岐阜、羽島、一宮方面等、市外への交通も便利になり、市民の身近な足となった。

昭和三十年、東海道本線稲沢～米原間の電化に伴い、大垣駅が大幅に改良された。美濃赤坂線等のホームが追加され、従来の大垣機関区も新設部分を加えて広大な大垣電車区として整備されるなど、国鉄の名古屋鉄道管理局管内有数のターミナル・ステーションとして重要な拠点となった。昭和三十一年には樽見線の大垣～谷汲間が開通し、ここに大垣を中心とした鉄道網が概ね完成した。

一方、昭和三十年頃から始まる高度経済成長がさらに進むと、自動車は単なる輸送機関にとどまらず、レジャーから通勤に至るまで、幅広く市民生活の中に入り込んでいった。大垣市内の自動車は、昭和元年にはわずか九台しかなかったが、昭和四十年代後半には世帯数を超え、一世帯一台はあたり前のマイカー時代へ突入した。同六十三年には当時の大垣市域で約七万九千台が所有されるに至った。

自動車の普及と呼応するように道路整備も進んだ。昭和四十年には名神高速道路が全線開通、それに合わせて大垣ＩＣに接続する国道二五八号が改良され、さらに岐阜市南部と大垣市北部を結ぶ岐大バイパス（国道二一号）も開通し、大垣市を東西にも南北にも貫通する主要な道路が整備されていった。しかし、こうした道路網の整備の陰で、地域の足として古くから親しまれた渡船など、惜しまれつつ姿を消すものもあった。

そして、昭和の最後を飾るかのように、昭和六十年には大垣駅舎が改築され、翌年大垣駅ビル（アピオ）が完成し、西濃地域の新しい表玄関となった。

（児玉　剛）

▲大垣駅旧駅舎と亀の池　通称「亀の池」は、防火貯水池を美観のために噴水池として改築したもので、昭和20年代にはすでに「亀の池」と呼ばれていた。その後、大垣駅舎改築と駅前広場整備に先立って、同59年に大垣市役所東にある丸の内公園へ移築された。〈高屋町・昭和30年代・提供＝早藤照雄氏〉

◀**駅弁売り**　駅弁は、戦前から大垣駅構内で販売されており、昭和38年頃には弁当が150円、ちらしずしが100円であった。しかし、窓の開かない車両や、列車ダイヤの過密化で停車時間が短くなったため、徐々に駅弁売りの姿は見られなくなった。〈高屋町・昭和31年・提供＝佐久間敏雄氏〉

▶**大垣駅４番ホームでの見送り**　大垣南農業協同組合の組合長がアメリカへ農業視察に出発するところである。役職員一同が万歳三唱で見送っている。〈高屋町・昭和39年・提供＝早藤照雄氏〉

◀**大垣駅からインターハイに出発**　第３回全国高等学校総合体育大会（インターハイ）に出場をする選手たちが、駅のホームで記念撮影。大垣駅はこの年、東海道線での利用者数が岐阜県で第１位であった。〈高屋町・昭和40年・提供＝子安俊彦氏〉

▶夜の大垣駅構内　昭和30年の東海道本線稲沢～米原間電化に伴い、大垣駅構内は一新された。大垣電車区が拡張され、美濃赤坂線と樽見線のホーム、新跨線橋等も建設され、大垣駅は有数のターミナル駅となった。〈高屋町・昭和37年・提供＝梶川靖彦氏〉

▲大垣電車区　昭和30年、大垣機関区は大垣電車区と改称され、線路南側に大電車庫が新設された。電車の検収庫や留置線等の設備があり、国鉄の重要な拠点となった。写真の左奥には「湘南形電車」が見え、手前ではC11形蒸気機関車が貨物の入れ換え作業をしている。〈南一色町・昭和40年頃・提供＝臼井孝氏〉

▲三代並んだ東海道本線揖斐川橋梁　明治20年の東海道本線大垣～加納（現岐阜）間開業に先立ち、同17年に揖斐川橋梁の建設が始まり、19年にイギリス製の鉄橋（写真一番手前）が竣工した。昭和35年からは道路橋として使用され、平成20年に国の重要文化財指定を受けた。中央の橋は明治39年から41年にかけて東海道本線が複線化された時に架けられた複線用のアメリカ製橋桁。一番奥は現在の橋梁で、昭和36年に架けられた国産である。同60年に二代目のアメリカ製橋桁が撤去されるまでは、写真のように三代の橋桁が並んでいた。現在は西岸の橋台だけが残る。〈新開町・昭和44年・提供＝清水武氏〉

◀イギリス製老機関車と別れを惜しむ　西濃鉄道は昭和3年の開業後まもなく、鉄道省からB6形蒸気機関車2両（2105・2109）を購入し、戦後も使用していたが、昭和39年2105が、同41年2109が、ディーゼル機関車に置き換えられた。写真は最後まで老機関車のお守りをした従業員が別れを惜しむようすである。このB6形2109は大井川鉄道を経て、現在埼玉県の日本工業大学で動体保存されている。〈赤坂町・昭和45年・提供＝清水武氏〉

▲近鉄養老線を走る貨物列車　近鉄養老線も貨物輸送を実施していた。特に桑名～大垣間は、関西本線桑名駅から大垣を経由して北陸方面へと向かう短絡ルートとして重宝された。戦後は四日市からのセメント輸送も行われた。写真は、北大垣駅付近を行く貨物列車。〈笠木町・昭和38年頃・提供＝清水武氏〉

◀近鉄養老線美濃青柳駅　昭和9年の岸和田紡績大垣工場（現イビデン青柳事業場）建設に伴い、伊勢電気鉄道養老線の駅として新設された。同駅から工場までの専用側線が敷設され、製品の出荷等が行われていた。駅舎の向こうに写る万年塀から向こうが、当時の揖斐川電気工業青柳工場である。〈青柳町・昭和38年・提供＝早藤照雄氏〉

▲近鉄養老線友江駅　大正２年、養老鉄道の開通と同時に設置された駅で、構内には人力車が常駐し、派出所も併設されていた。昭和46年には貨物取扱が停止され、翌47年から無人駅となった。〈友江・昭和38年・提供＝早藤照雄氏〉

▼近鉄養老線大外羽駅　昭和49年４月に県立大垣南高校が浅中に移転したことに伴い、生徒の通学の利便を図るため、同年６月１日、新設された。当初は朝夕の混雑時のみ停車していた。写真は駅西側の水田から撮影。〈西大外羽・昭和50年代・提供＝伊坂敏彦氏〉

▶▼東海道新幹線　東海道新幹線は、戦前の「弾丸列車」計画が基本となり、東京オリンピック開幕直前の昭和39年10月1日に開業した。昭和39年7月21日には、開業直前の試運転が米原～豊橋間で行われ「夢の超特急」が初めて大垣市内を走った。右写真は揖斐川を渡る新幹線。下写真は梨園脇に造られた高架線。〈右：平町・昭和41年・提供＝羽根田友宏氏／下：南若森・昭和39年頃・提供＝早藤照雄氏〉

▶樽見鉄道東大垣駅　国鉄樽見線は、昭和59年に西濃鉄道、住友大阪セメント等の民間企業と地方自治体が出資する第3セクター「樽見鉄道」となり、10月よりレールバスの運転も始まった。〈和合本町・昭和60年・提供＝佐久間敏雄氏〉

◀西濃鉄道昼飯線の踏み切りにて 西濃鉄道は、昭和3年12月に市橋線（東線）、昼飯線（西線）が開通し、同5年にはガソリンカーが東線に導入され一般乗客の輸送も始まった。その後、乗客輸送は停止され、赤坂の石灰や石灰石を運ぶ専用の路線となった。〈赤坂町・昭和28年頃・提供＝伊藤政俊氏〉

▼西濃鉄道市橋駅プラットホーム セメントの原料となる石灰石は、戦後復興期に需要が増大した。昭和44年に富士製鉄（現新日鉄住金）名古屋製鉄所への石灰石輸送列車の運転が始まったことで、西濃鉄道の輸送量は大幅に拡大した。〈南市橋町・昭和40年頃・提供＝臼井孝氏〉

▲平の渡船　平の渡船は大垣と竹鼻を結ぶ竹鼻街道にあり、村人だけでなく多くの人々に利用された。明治5年に村の共同経営で始められ、のちに県営となった。昭和38年の大垣大橋開通に伴い、廃止された。平町の農地は川東にもあり、昔から人々は耕作地に向かう時、川を渡ることが多かった。また、明治の揖斐川改修により、8戸が川の東に分離されたため、子どもの通学路としてもかけがえのない渡船であった。写真は、大垣側から東を写したもの。〈平町付近・昭和31年・提供＝河合孝氏〉

▲南波の渡し　大垣と今尾を結ぶ今尾街道にあり、輪之内町と大垣市を行き来するための大切な渡船であった。朝のラッシュ時には学生や通勤客だけでなく、リヤカーに野菜を積んだ輪之内町や海津郡の人々も利用するため、船2艘を使った時期もあった。〈今福町・昭和33年・提供＝細野國弘氏〉

▲船戸（福東）の渡船①　輪之内町の人が大垣へ買い物に出かけたり、高校生が大垣市内の学校へ通うのに利用された。3～4人の船頭さんによる共同経営で、24時間営業であった。写真は、大垣市内の高校に自転車で通学する生徒で賑わう朝の風景。〈安八郡輪之内町福東付近・昭和31年・提供＝河合孝氏〉

▲船戸（福東）の渡船②　昭和38年頃の料金は歩行者5円、自転車10円で、廃止直前の昭和47年頃でも、渡船の利用者は1日平均600人、自転車が450台と、地域の人びとにとって当時はまだ重要な足となっていた。写真は、大垣側から東を写したもので、川向こうの田畑に行く農家の女性たちが乗船している。〈安八郡輪之内町福東付近・昭和44年・提供＝河合孝氏〉

▲船戸（福東）の渡船③　船戸の渡し場から東を望む。船に乗る女性は買い物に出かけた帰りだろうか。〈安八郡輪之内町福東付近・昭和43年・提供＝河合孝氏〉

▶岡田式渡船　岡田式渡船とは、両岸の堤防上に支柱を立てワイヤーを張り渡し、滑車を取り付けて船と結び、流れを利用して船を進める仕組みであった。横曽根と福東を結ぶ渡船では、廃止された平の渡しから譲り受けて使っていたが、昭和47年の福東大橋開通により廃止された。写真は、福東大橋完成間近の最後の渡船である。〈安八郡輪之内町福東付近・昭和47年・提供＝河合孝氏〉

▲中山道を行く馬車　赤坂で採れる石灰や大理石は、明治末期頃、赤坂港からの舟運に加え、馬車による輸送で東海道線の垂井駅や大垣駅へ運ばれるようになった。その後、美濃赤坂線や西濃鉄道の開通により鉄道輸送へ、さらに昭和30年代中頃からトラックによる輸送へと切り替わっていった。〈昼飯町・昭和32年頃・提供＝河合孝氏〉

◀水都タクシー開業　市民の足となるべく、昭和26年に設立された。その後、大垣市を中心に、西濃地域や羽島市に営業区域を拡大した。〈大垣市内・昭和26年・提供＝セイノーホールディングス〉

▶岐阜乗合ビル　岐阜乗合自動車は、昭和28年に大垣駅前に岐阜乗合ビルを建設し、ここを起点に墨俣及び岐阜、高須、羽島及び一宮を結ぶバスを運行した。同39年には四階建ての新館が完成し、48年には大垣旅行センターも新設され、観光分野も強化された。〈郭町・昭和32年・提供＝伊黒敬雄氏〉

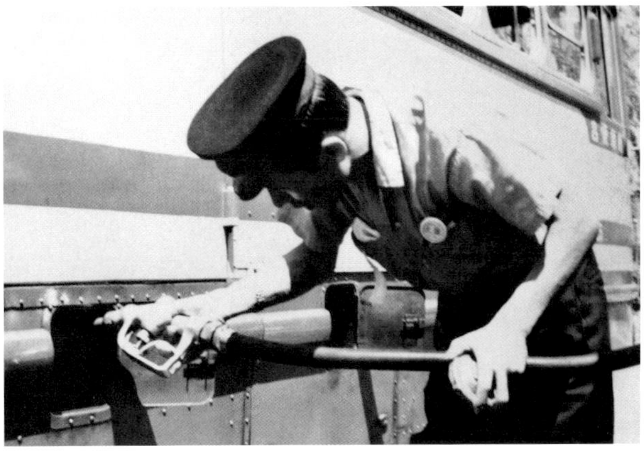

▼名神高速線大垣バス乗り場　名神高速道路の開通に伴い、昭和39年10月に国鉄バスと日本急行バス（現名鉄バス）が名古屋～新大阪間、神戸間に高速バスの運行を開始した。同40年3月には日本高速バス（現名阪近鉄バス）を加えた3社による運行に拡大した。〈内原・昭和40年頃・提供＝早藤照雄氏〉

▲岐阜バス西大垣営業所にて　昭和40年代までは、バスには車掌が乗っていた。整理券方式の多区間運賃ワンマンバスが運行されるようになり、徐々に車掌の姿は消えていった。右上写真は給油中の職員。〈西崎町・昭和42年・提供＝細野國弘氏〉

▶養老線の踏切を渡るバス　昭和40年代頃までは、バスには車掌が乗務し、乗車券の販売や乗客の安全確保等の業務を行っていた。バスが警報機のない踏切を通る際、車掌はバスを降りて誘導する必要があった。バスの右には踏切番の小屋が写る。〈久瀬川町付近・昭和30年代後半・提供＝伊坂敏彦氏〉

◀旧国道21号道路拡張記念のパレード
昭和30年代前半、戦災復興計画に関連して、当時の国道21号で船町川の埋め立て及び塩田橋から中曽根町までの直線化等が行われた。その後、舗装整備などが進み、ほこりの立たない道路となっていった。写真は昭和39年頃に行われたと思われる記念パレードの車列。〈寺内町・昭和39年頃・提供＝峰岸艶子氏〉

▶新しい横曽根橋の建設風景　横曽根橋は、昭和28年9月の台風13号により流失した。速やかな復旧への要望に応えて再建工事が同30年2月に始まり、33年8月17日に開通した。三重県との行き来が再びできるようになった。〈横曽根町・昭和33年頃・提供＝伊坂敏彦氏〉

▲２色のみの信号機　現在、車両用信号機は赤、青、黄の３色を使用しているが、当時は２色の信号機も見られた。旧国道21号墨俣バス停付近。〈墨俣町・昭和37年・提供＝大垣市墨俣地域事務所〉

▼浅草歩道橋　昭和36年、大垣市は全国で６番目の「交通安全都市」を宣言し、増加する交通事故に対する取り組みを進めた。学童の安全な通学を図るため、同40年に市内初の歩道橋が寺内町に完成、その後、次々と建設され、43年には浅草を含む６カ所に設置された。〈浅草・昭和49年・提供＝早藤照雄氏〉

▲平尾池に向かうトンネル　トンネルを過ぎると、灌漑用の平尾１号溜池、平尾２号溜池がある。この溜池は、平尾地区と青野地区の住民らが相談し、大正５年に共同で建設したものである。トンネルの上は平尾架道橋で、東海道線の垂井支線が走っている。〈青野町・昭和36年・提供＝峰岸艶子氏〉

▶名神高速道路の建設①
名神高速道路は、当時「弾丸道路」と呼ばれた。大垣市域では昭和37年8月頃から本格的な盛土工事が始められ、同39年9月に関ヶ原〜一宮間が開通、翌年には全線が開通した。写真では建設に伴うボーリング調査を行っている。〈内原・昭和30年代・提供＝早藤照雄氏〉

◀名神高速道路の建設②
盛土工事のようす。〈内原・昭和38年・提供＝早藤照雄氏〉

▶名神高速道路の建設③　名神高速道路工事事務所の看板前を乳母車が通る。〈内原・昭和37年・提供＝早藤照雄氏〉

▶名神高速道路の建設④　開通したばかりの大垣インターチェンジを南に見ている。〈内原・昭和40年・提供＝臼井孝氏〉

◀大垣インター食堂　大垣インターチェンジが開通したことで、接続する国道258号も整備が進み、インターチェンジ付近にはレストランや土産物店、運送会社、バスの営業所等が次々と建設されていった。〈島里・昭和39年・提供＝早藤照雄氏〉

▶大垣インター食堂の店内　昭和40年頃には「新三種の神器」である自動車が一般に広く普及した。マイカーでの家族旅行だろうか、食堂の中には親子連れらしき姿も見られる。当時の名神高速道路の通行料金は大垣～関ヶ原間が150円、大垣～京都東間が1,000円であった。〈島里・昭和39年・提供＝早藤照雄氏〉

▲岐大バイパス工事　大垣市内を通る国道21号のバイパスとして、市街地外部の福田町と桧町の間を大きく曲折して東海道本線を跨ぐ工事が行われた。この年の12月に完了し、バイパスは全線開通した。平成24年、この付近に東海環状自動車道の大垣西インターチェンジが開設され、名神高速道路ともつながり、大垣の西の玄関は一層拡充された。〈熊野町・昭和49年・提供＝長澤均氏〉

▲藤江高架橋建設　大垣市の北部に開通した岐大バイパスまで国道258号を延伸する工事は、昭和55年度より開始され、同57年12月に完成した。延伸に伴って藤江高架橋が作られ、大垣市南北の交通渋滞が大幅に緩和された。〈藤江町・昭和57年・提供＝長澤均氏〉

▶室村地下道　大垣市は東海道線により市街地が南北に2分され、北部地域の発展の大きな妨げとなっていた。室村町にはすでに地下道があったが、乗用車がすれ違えない狭いものであった。立体交差工事は昭和28年から始められ、同31年に完成した。写真奥の鉄橋の向こうが室村地下道。〈室本町・昭和62年・提供＝横幕孜氏〉

◀林地下道　林町には東海道線を横切る踏切はあったが、遮断機は1日平均5時間42分、177回も閉まり、「開かずの踏切」の状態であった。昭和31年に立体交差が完成し、その後大垣駅北口も設けられ、大垣の北部地区は文教住宅地区として急速に発展した。〈錦町・昭和62年・提供＝横幕孜氏〉

▶三菱・シルバーピジョンとオート三輪　南頬町2丁目の通りで三菱・シルバーピジョンに乗っているのは大垣軽車輌製作所の社員。2人とも腕貫きをはめている。後方のオート三輪は、日本内燃機のくろがね。〈南頬町・昭和31年頃・提供＝細野國弘氏〉

▶ダットサン・ブルーバード310　初代ブルーバードで、車体は名前の「青い鳥」のように青色の他、写真のおしゃれなツートンカラーもあった。当時はトヨタ・コロナと人気を二分し、小型車市場を席巻した。〈南高橋町・昭和38年・提供＝杉原幸夫氏〉

▼トヨタ・パブリカ700バン　トヨタ・パブリカはトヨタが初めて手掛けた大衆車で、パブリカの名前は大衆車（パブリック・カー）に由来する。〈新町・昭和40年代前半・提供＝臼井優二氏〉

▶ホンダ・ドリーム　昭和30年発売のホンダ・ドリーム6E。この頃はまだウインカーはなく、手信号のみか、指示棒可動式の「アポロ」と通称される方向指示器が多く見られた。写真でもバンパーの横に方向指示器がついている。後ろの建物は時山農協。〈上石津町時山・昭和31年・提供＝川添勇氏〉

◀バンパー付きのオートバイ　この頃は国道でも砂利道が珍しくなかった。転倒の際の安全対策でオートバイの多くはバンパーが取り付けられていた。写真にはリアバンパーも見える。車種は特定できないが、メーカーはホンダ、スズキ、ヤマハ、メグロ、トーハツなどではない。当時、大阪や名古屋、浜松などで軍需工場の跡地に機械加工の工場が続々と建設された。バイクメーカーも200以上あり、小さな町工場がエンジンを入手して何とか製品化したという。〈神田町・昭和30年代中旬・提供＝菊一刃物〉

フォトコラム　墨俣町 ——歴史ある新しい町として

「すのまた」は、古くから鎌倉街道や美濃路の宿場町として近隣村々の中心として繁栄し、長良川の川湊として交通、運輸の要地でもあった。また木下藤吉郎出世物語の出発点となった「墨俣一夜城」は、全国にその名が知られている。

安八郡墨俣町の成立は、濃尾大震災の爪あとがまだ残る明治二十七年九月である。同三十年四月に、墨俣町、西橋村、下宿村、二ツ木村の一町三村が合併し、今日の町域につながる墨俣町が誕生した。

大垣市の位置する西濃地方は、川との戦いの歴史を併せ持つ。人びとは「輪中」を築き抗ってきたが、墨俣輪中でも繰り返し洪水の被害を受けてきた。そんな中、昭和四年に、墨俣町の北にあたる本巣郡南部（現瑞穂市域）の被害軽減のため、犀川堤を切り割って新水路を造り、犀川を含む四河川の水を南下させるという治水計画が持ち上がり、安八郡内関係七町村が激しく反発（犀川事件）。その結果、流路は見直され、墨俣町の犠牲を最小限に留めて同七年、犀川改修工事が始まった。多くの家屋などが移転を余儀なくされ、町役場、派出所、料亭、渡船場、商店などが建ち並び賑わっていた川町（川端町）は消えることとなったが、十一年、長良川に沿った新しい水路（通称新犀川）が生まれ、新たにつくられた栄町を中心に町並みが形成されていった。

時を同じくして、昭和八年に長良大橋が架かり、これを通る岐垣《ぎえん》国道（国道二一号・現県道三一号岐阜垂井線）が同十四年に完成。墨俣渡船は、バスや自動車に役目を譲った。墨俣町にとって昭和の幕開けは、大きな変貌の時代であった。

戦後は、岐阜、大垣、羽島の三市に隣接する地の利を活かして、住宅団地の造成が進められ、人口も急増。公共施設等も整っていく。

また、犀川堤の桜並木や墨俣一夜城（歴史資料館）が象徴するように「桜と歴史」を核としたまちづくりに力を入れてきた。墨俣三大まつり（桜まつり、天王祭、秀吉出世まつり）などのイベントも行われるようになった。

その一方で、昭和三十四年の伊勢湾台風や、再三にわたる集中豪雨、同五十一年には「九・一二豪雨水害」にも見舞われたが、その度に力強く復旧し、災害のないまちづくりにも取り組んできた。なかでも「消防団」は、全国消防操法大会において三回（昭和五十三年、同五十五年、平成二年）も優勝に輝いている。

平成十八年三月、大垣市に飛び地合併して、安八郡墨俣町は百十一年で歩みを終え、新大垣市の東の玄関口として新たなスタートを切った。（髙木　久）

▲一夜城址にて野点《のだて》　文字通り野趣あふれる茶会である。こののちに墨俣町長となる岩田太一による企画で開催された。幕に岩田家の家紋が見える。〈墨俣町墨俣・昭和31年・提供＝岩田富美子氏〉

▶天王祭　牛頭天王《ごずてんのう》を祀る津島神社は、「お天王さん」と呼ばれ親しまれている。毎年7月に行われるすのまた天王祭は、起源を美濃路ができた頃、慶長7年（1602）とする墨俣町の夏の風物詩であり、町内ごとに工夫を凝らした「ダシ」と呼ばれる作りものが軒先などに飾られる。写真は本町通りで、ユーモラスな白いサルのハリボテが目をひく。〈墨俣町墨俣・昭和43年・提供＝大垣市墨俣地域事務所〉

◀美濃路（墨俣宿）　美濃路の中町から本町方面（西）を望む。かつては商店や銀行などが建ち並び、墨俣町の中心商店街として賑わっていた。〈墨俣町墨俣・昭和47年・提供＝大垣市墨俣地域事務所〉

▶先入方合併祝賀懇親会　昭和49年、本巣郡穂積町（現瑞穂市）宝江地区から先入方が墨俣町に合併された。写真は北保育園で行われた祝賀懇親会のようすで、壇上で挨拶しているのは平川仁市墨俣町長である。〈墨俣町墨俣・昭和49年・提供＝大垣市墨俣地域事務所〉

▲**9.12 水害**　台風17号の影響を受け、岐阜県はこの年、戦後最大の豪雨に見舞われた。9月12日に安八郡安八町大森で長良川が決壊したため、墨俣町も全域が水没した。写真は9月15日、犀川堤（用水取り入れ口）から北西向きに撮影した一枚。手前の墨俣から上宿への町道が冠水して見えなくなっている。〈墨俣町・昭和51年・提供＝岩田富美子氏〉

◀**左義長**　正月の門松や注連《しめ》飾り、旧年の神札などを焚き上げ、新しい一年の家内安全や無病息災等を祈る習俗であるが、西町八幡神社では、火を点ける者と点けさせない者の二組に分かれて争った後、ついには火が点けられるという「儀式」をもって通例とした。写真はその「喧嘩左義長」のようすで、多くの見物人が集まっている。〈墨俣町墨俣・昭和初期・提供＝大垣市墨俣地域事務所〉

▶「一夜城音頭」「すのまた慕情」の発表　町おこしの一環として「一夜城音頭」「すのまた慕情」が制作され、すのまた桜まつりにて、その発表会が開かれた。ぎふ中部未来博「市町村の日」でも披露された。〈墨俣町墨俣・昭和63年・提供＝大垣市墨俣地域事務所〉

◀空から見た長良大橋　岐垣国道の建設に伴い、念願かなって昭和8年に長良大橋が完成した。この架橋により、長年にわたり利用されていた渡船は役目を終えて廃止された。〈墨俣町墨俣付近・昭和10年代・提供＝髙木久氏〉

▶岐垣国道　県が失業者対策として立案したもので、岐阜市加納を起点に墨俣町を経由して大垣市藤江に至る新しい岐垣国道が建設された。長良大橋はその一部となり、竣工は昭和10年。写真は岐阜市側（茶屋新田）から岐垣国道長良大橋を写した絵葉書である。道幅は9メートル程だった。〈岐阜市茶屋新田付近・昭和10年代・提供＝髙木久氏〉

◀墨俣神社の引っ越し　犀川改修によって、墨俣神社もまた現在地への移転を余儀なくされた。引っ越し作業には、運送業者のほか氏子も加わった。現墨俣東交差点付近でひと息。長良大橋が遠くかすんで見える。〈墨俣町墨俣・昭和初期・提供＝大垣市墨俣地域事務所、鈴木昌江氏蔵〉

▶第二次犀川事件　世に言う犀川事件は昭和4年に起こった。治水計画をめぐる本巣郡南部地域との攻防は警察や軍隊が出動するまでに発展。多くの検挙者を出すこととなったが、流路の見直しを勝ち取り、同11年、紆余曲折の末に新水路（通称新犀川）が完成する。しかし、その後13年7月の集中豪雨の折、堤防を守るため新犀川の調節樋門を開けたい上流側（本巣郡南部）の住民と、水の流入を食い止めたい下流側（墨俣町他）の住民が大きく対立。暴力沙汰は免れたが、犀川事件の再現ともいえるできごとであった。〈墨俣町墨俣・昭和13年・提供＝大垣市墨俣地域事務所、浅野功氏蔵〉

◀墨俣一夜城址付近　永禄9年（1566）、織田信長が美濃侵攻の拠点とするため、命を受けた木下藤吉郎（のちの豊臣秀吉）が一夜にして築いたと伝えられる墨俣一夜城。その跡地が整備される前の風景である。昭和49年に墨俣一夜城址公園、平成3年には築城当時の砦の形ではなく、天守を模した墨俣一夜城（歴史資料館）が開館した。〈墨俣町墨俣・昭和30年頃・提供＝岩田富美子氏〉

▲長良大橋の袂　撮影当時はいたるところに船が係留されていた。かつてこの周辺に墨俣の渡船場があったと思われる。少年は犬の散歩の途中だろうか。〈墨俣町墨俣・昭和 30 年頃・提供＝岩田富美子氏〉

▶殿町通りを行く子ども神輿　本町子ども会の子ども神輿が殿町通りの八百源商店前を賑やかに練り歩く。揃いの法被に身を包んだ子どもたちの顔が凛々しい。〈墨俣町墨俣・昭和 30 年頃・提供＝岩田富美子氏〉

◀祭りの日の子どもたち　応神天皇を祀る西町八幡神社の祭礼には子ども神輿が繰り出す。東殿町子ども会が境内で記念撮影。〈墨俣町墨俣・昭和30年頃・提供＝岩田富美子氏〉

▶旧墨俣町役場庁舎　昭和10年、犀川改修事業に伴って川町からこの地へ新築移転し、同57年に再び上宿の新庁舎に移るまで使われていた。跡地は墨俣小学校体育館となった。〈墨俣町墨俣・昭和48年頃・提供＝大垣市墨俣地域事務所、墨俣小学校蔵〉

◀旧墨俣町公民館　昭和30年、墨俣町役場庁舎の東隣に墨俣町公民館が建設された。地域に根ざした文化活動、学習活動の場として多くの町民に利用された。〈墨俣町墨俣・昭和30年頃・提供＝大垣市墨俣地域事務所〉

6 できごと散見 ―日常生活のはざまで

大垣には大垣まつり、水都まつり、十万石まつりに代表される祭りや、青野や青墓の山の講、荒川の松坂おどり、各地の虫送りや粥占い等、掲出すべき多くの伝統行事があるが、この章では、こうした毎年の行事ではなく、昭和時代その時々の出来事やイベント、そして昔から大垣が悩まされてきた水害についてみていく。

戦後の大垣には、何度か昭和天皇の行幸があった。昭和二十一年十月、戦災の復興状況を見て巡られ、揖斐川電気工業西大垣工場や県立大垣中学校などをご視察。郭町通りも歩かれた。同三十二年四月は、揖斐郡谷汲村での全国緑化大会植樹祭ご臨席に伴い、大日本紡績大垣化学工場、養老華園へも足を伸ばされた。四十年には岐阜国体（第二十回国民体育大会）に合わせて来垣されている。大垣は、この国体の夏季大会で水球、秋季大会でサッカー、体操競技、自転車競技、軟式テニス、軟式野球の会場になった。夏季大会の水球を皇太子（今上天皇）が観戦され、昭和天皇皇后は、スポーツセンターで行われた秋季大会の体操競技をご覧になった。

ほかに、華々しいイベントもあった。昭和三十二年二月、大垣城再建の地鎮祭に人気大関の若乃花ら力士を呼んでおり、スポーツセンターで大相撲が開かれている。

その一方、美濃国分寺などの発掘調査、蒸気機関車の保管展示などが地道に進められた。町内や各種団体の催しとしては、成人祭、揮毫大会、愛宕神社の社殿改装、秋葉神社の再建などが行われ、それぞれが記念写真として残されている。

また、河川に囲まれ輪中をなす大垣は、何度も水害に見舞われて復旧への努力を強いられてきた。昭和時代に限っても、例えば、昭和三十四年の伊勢湾台風、同三十六年の集中豪雨、五十一年のいわゆる九・一二豪雨水害があげられる。

なかでも長良川が決壊した九・一二豪雨水害では大垣の市街地の多くが浸水した。周辺部では、孤立して舟でないと移動できなくなった地域も多く、堤防スレスレまで上がった水に、補強工事の杭打ちの手も震えるありさまであった。このような度重なる水害に見舞われながらも、市民は地域で力を合わせて乗り越えてきたのである。

（坂東　肇）

▲樽見線開通を祝って　昭和31年3月20日、国鉄樽見線の大垣～谷汲口間が開通した。協賛行事が各所で開催され、20日に大垣～谷汲口間の駅伝競走、翌21日には、「彼岸大売出し」で大賑わいの駅前通りで谷汲おどり等の妙演が繰り広げられた。〈郭町・昭和31年・提供＝伊坂敏彦氏〉

▲◀日本国憲法公布の奉祝行事

連合国軍占領下の昭和21年11月3日に、大日本帝国憲法に代わる日本国憲法が公布され、全国各地で奉祝行事が行われた。上写真は墨俣町の八幡神社前に並ぶ西町青年会の面々。当日は仮装行列などが行われたという。左写真は、築捨町・新田町合同若人会の人々で、撮影場所はかつて築捨町3丁目にあった神明神社。〈上：墨俣町・昭和21年・提供＝大垣市墨俣地域事務所、高田哲好氏蔵／左：築捨町・昭和21年・提供＝児玉巧氏〉

▲赤坂町への合併記念祝賀行列　安八郡南平野村青木と草道島が赤坂町に合併し、南平野小学校の児童 60 人が赤坂小学校に転入した。写真は合併記念祝賀行列で、児童たちが日の丸を打ち振りながら旧中山道を赤坂大橋から西に行進している。〈赤坂東町・昭和 29 年・提供＝奥山節子氏〉

▼書道大会で優勝　中部日本書道会の学生席上揮毫大会第 6 回大会で興文小学校が優勝した。1 年生から 6 年生までの参加児童が正面玄関前で記念撮影。前から 2 列目中央に校長、最後列に担当した教師も写っている。〈西外側町・昭和 26 年・提供＝横幕孜氏〉

▶愛宕神社遷宮式　遷宮式に際し、現在も残る船町の洋館の前を、愛宕神社に向かう行列。道幅は広くなっており、昭和31年の船町川埋め立て後の写真である。〈船町・昭和31年頃・提供＝加納喜長氏〉

◀発破がもたらした被害　江戸時代から石灰岩や大理石の産出地として知られた金生山では、発破による採掘が行われていた。周辺部では振動とともに爆発音がよく聞こえたが、時には砕けた岩が民家を直撃することもあった。〈赤坂町・昭和30年代前半・提供＝河合孝氏〉

▶荒崎校下の成人式記念写真　昭和29年、荒崎村は旧綾戸村地域（同年垂井町に合併）を除き、大垣市に編入された。写真はその後まもなく行われた成人式である。〈長松町・昭和32年・提供＝長澤充氏〉

▲昭和天皇行幸①　谷汲村で行われた全国緑化大会植樹祭ご臨席のため、昭和天皇が来垣された。大垣駅前付近を通る御料車の車列を、市民が日の丸を振って出迎えている。〈郭町・昭和32年・提供＝山村敏朗氏〉

▼昭和天皇行幸②　日の出町通りを通る車列。場所は日之出自動車前で、後ろに大日本紡績（後のニチボー、ユニチカ）の煙突が見える。〈日の出町・昭和32年・提供＝佐久間敏雄氏〉

▶**大相撲興行①**　明治35年生まれの地元有力者でつくった八虎会が勧進元となり、大垣城の地鎮祭に合わせて大相撲が開かれた。スポーツセンター前には、千代の山などの幟とともに「お城を建てましょう」「大垣城を再建しませう」という看板も見える。〈郭町・昭和32年頃・提供＝臼井孝氏〉

▼**大相撲興行②**　スポーツセンターで行われた大相撲での横綱土俵入りである。この一行には横綱・千代の山、そして人気力士の大関・若乃花がいた。〈郭町・昭和32年・提供＝野原昌治郎氏〉

▼**大相撲興行③**　取組のようす。会場となったスポーツセンターは、昭和28年に公会堂兼用として建設されたものである。〈郭町・昭和32年・提供＝羽根田友宏氏〉

▲市議会議員選挙　市議会議員選挙の選挙事務所風景である。机や椅子、電灯に当時のようすが偲ばれる。〈神田町・昭和33年・提供＝伊黒敬雄氏〉

▼節分の大雪　市役所前の通りはすっかり雪に覆われ、自動車の轍《わだち》がくっきりと残っている。昭和39年に完成したばかりの新市庁舎が写真右にみえる。〈御殿町・昭和40年・提供＝中島隆夫氏〉

▲秋葉神社の再建奉祝　神社の再建を祝して、各町の氏子が仮装行列を行った。桃太郎の仮装で参加した高橋町の人々が集まり、記念撮影をしたもの。〈新町・昭和 40 年・提供＝杉原幸夫氏〉

◀ご視察中の皇太子（今上天皇）　岐阜国体の夏季大会ご臨席のため来垣された皇太子が、赤坂町の矢橋大理石を視察された時のものである。〈赤坂町・昭和 40 年・提供＝伊藤政俊氏〉

▲大垣医師会館が竣工　大垣医師会は大正８年に設立、戦後の昭和22年に法人化された。同47年には会館が竣工し、玄関先では祝いのくす玉が割られた。〈新田町・昭和47年・個人蔵〉

▼築捨町の神明神社拝殿新築完成式　この付近でも土地整備や耕地整理が実施され、神明神社は境内地の整備を機にコンクリート造の拝殿を新築。関係者らが参列して完成を祝った。〈築捨町・昭和47年・提供＝児玉巧氏〉

▶廃車になった蒸気機関車①　昭和15年につくられたC11形蒸気機関車である。この機関車は、多治見機関区、名古屋機関区を経て同24年から大垣機関区に配属され、東海道本線の電化とともに樽見線を走るようになり、昭和47年に廃車になった。写真は、その後に室村総合センターの展示館で保管されることとなり、街なかを運ばれていくようす。〈大垣市内・昭和47年・提供＝細野國弘氏〉

◀廃車になった蒸気機関車②　設置場所の室村総合センターにいよいよ到着。〈室本町・昭和47年・提供＝細野國弘氏〉

▶廃車になった蒸気機関車③　室村総合センター展示館に設置され、この地で長く親しまれた後、平成6年に大垣市文化会館こどもサイエンスプラザに移されて、現在に至っている。〈室本町・昭和47年・提供＝水谷脩氏〉

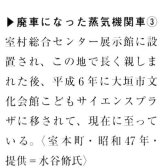

▲▶**第１次オイルショック**　第４次中東戦争の勃発を契機に原油価格が高騰し、ガソリンや灯油といった石油製品はもちろんのこと、噂話に端を発するトイレットペーパー買い占め騒動まで起こった。大垣南農協給油所でも灯油を買い求める人々の大行列ができた。〈友江・昭和48年・提供＝早藤照雄氏〉

◀**美濃国分寺塔跡の発掘調査現地説明会**　県道の建設計画を機に、国指定史跡の発掘調査が昭和43年から始まった。注目の塔跡の説明を調査員から聞き込む人々。〈青野町・昭和50年・提供＝長澤均氏〉

▶青少年憩いの森調印式　古い歴史を持つ美濃国分寺や円興寺などの史跡を周囲に擁する青墓地区では、それを活かした青少年憩いの森や遊歩道が整備されている。写真は大垣市役所でのようす。市長と地区代表が写る。昭和57年には野外活動センターも建設された。〈丸の内・昭和53年・提供＝安田卓美氏〉

◀青墓校下振興大会　青墓農協会議室にて、青少年憩いの森遊歩道の設置について市長と地域の住民がシンポジウムを行い理解を深めた。この後、昭和56年に遊歩道が整備された。〈青墓町・昭和54年・提供＝安田卓美氏〉

▶史蹟の里碑完成記念式　東海自然歩道が通る青墓は、往古の歴史を物語る史跡の豊かな地区である。この年、青墓町を「史蹟の里」として広く知ってもらうため、標柱が円興寺入口のほか、町内各所に建てられた。〈青墓町・昭和55年・提供＝安田卓美氏〉

◀高塚古墳跡碑の建立　高塚古墳は、古鏡や石釧が多数出土した矢道長塚古墳に近接した前方後方墳であった。しかし大正時代に、古墳を形成していた良質の粘土が瓦や煉瓦の原料として掘り出されたため消失。往時を偲び有志が跡碑を建立した。〈矢道町・昭和59年・提供＝長澤均氏〉

▲戸田公入城 350 年祭　初代藩主戸田氏鉄の大垣入城より 350 年を記念して、祝賀行事が多数開催された。写真の武者行列の他、記念式典、常葉神社の祭り、少年団パレード、婦人会の民踊、神輿渡御と巡行パレード、鉄砲隊の演武、商店街の売り出しまでも行われ、官民挙げて戸田公の遺徳を偲んだ。〈郭町・昭和 60 年・提供＝長澤均氏〉

▶建設中の総合福祉会館　江戸時代は侍屋敷があった場所に建設されている。館内には市民からの芭蕉関係施設をとの要望で、奥の細道むすびの地記念館が設けられた。この年に同会館で第一回全国俳句大会が開催され、現在も続けられている。〈馬場町・昭和 60 年・提供＝長澤均氏〉

▲▶オリンピック聖火リレー① 8月21日にギリシアのアテネで採火された聖火は、9月9日から日本各地をリレーした。大垣を通過したのは第2コースの聖火で10月1日に三重県から引き継がれ、岐阜県庁まで運ばれた。上写真は、南から中継所のある西大垣駅に向かう聖火。右写真は、西大垣駅付近のようす。〈上：日の出町／右：神田町・昭和39年・提供＝臼井孝氏〉

▲オリンピック聖火リレー②　郭町交差点付近を走る聖火ランナー。ツバサ電機、廣瀬文具店の看板が見え、ランナーたちの間近にはみ出てまで応援する市民の多さに驚かされる。〈郭町・昭和 39 年・提供＝子安俊彦氏〉

▶オリンピック聖火リレー③
旧国道21号を走る聖火ランナーは、西濃運輸の田口利八社長（当時）である。〈大垣市内・昭和 39 年・提供＝セイノーホールディングス〉

◀天皇皇后の行幸啓　第20回国民体育大会夏季大会のため、昭和天皇が皇后を伴って来垣された。写真の場所は大垣城南に鎮座する濃飛護国神社で、ご参拝の後、沿道につめかけた市民の歓迎を受けられるようす。〈郭町・昭和40年・提供＝長澤充氏〉

▶炬火リレー①　炬火リレーが市役所を出発するところである。第20回国民体育大会夏季大会において、大垣は水球の会場（大垣商業高校プール）になった。秋季大会においては、サッカー（大垣北高校）、体操競技（スポーツセンター・現大垣城ホール）、自転車競技（大垣競輪場）、軟式庭球（大垣西公園）、軟式野球（北公園球場）の5競技が繰り広げられた。〈丸の内・昭和40年・提供＝子安俊彦氏〉

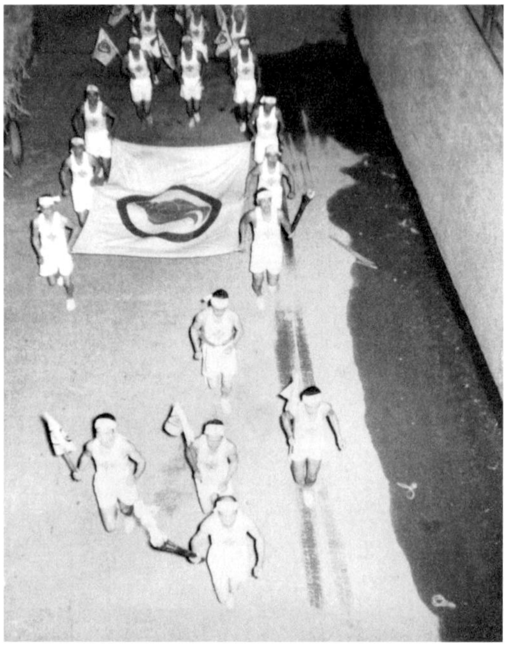

▲炬火リレー②　炬火リレーとともに国体旗が「室のガード」をくぐるところである。室村町のこの立体交差は昭和31年に完成し、市内南北の車の流れが改善された。〈室村町・昭和40年・提供＝子安俊彦氏〉

▶**歓迎パレード**　プラカードを持った女子生徒に先導されて、全国各地から集まる選手たちを歓迎するパレードが駅前通りを進む。〈郭町・昭和40年・提供＝子安俊彦氏〉

◀**亀の池も歓迎ムードに**　かつて大垣駅前にあった「亀の池」である。待ち合わせをする時など、多くの市民がこの噴水池のある広場を利用した。国体を迎えるにあたっては「亀の池」も装いを新たにした。〈高屋町・昭和40年・提供＝子安俊彦氏〉

▶**水球競技会場①**　水球の会場となった大垣商業高校のプール。現在のスイトピアセンター学習館南の駐車場あたりにあった。〈室本町・昭和40年・提供＝子安俊彦氏〉

▶**水球競技会場②**　大垣商業高校のプール。水面は滑らかで、整然と並ぶ人々と大きな空を映す。観客も多く詰めかけている。〈室本町・昭和40年・提供＝子安俊彦氏〉

◀**体操競技会場①**　体操競技はスポーツセンターで開催された。岐阜県選手団が横一列に並んでいる。〈郭町・昭和40年・提供＝子安俊彦氏〉

▶**体操競技会場②**　男子のつり輪とあん馬、女子の平均台種目が繰り広げられている。他にも全国レベルの選手たちの華やかな演技が見られた。〈郭町・昭和40年・提供＝子安俊彦氏〉

▲伊勢湾台風の被害　伊勢湾台風は、9月26日に紀伊半島に上陸し、大垣もその直撃を受けた。その日の雨量は218ミリに達し、堤防が各所で決壊し市の中心部が浸水した。雨だけでなく強風も伴っていたため、家屋の倒壊も多く招いた。写真は南高橋町にあった西濃病院（現大垣市民病院）前のようすである。〈南高橋町・昭和34年・提供＝羽根田友宏氏〉

▶集中豪雨の被害①　昭和36年6月、梅雨前線の活発化による集中豪雨で市内外の河川が氾濫し、流域全域に大きな被害を与えた。6月27日には横曽根地内の水門川右岸堤が破れ、市南部地域を水浸しにした。水鏡と化した一帯のようすである。〈川口・昭和36年・提供＝早藤照雄氏〉

▲**集中豪雨の被害②**　現在の川口２丁目付近のようす。家屋の半分近くが水に浸かっている。〈川口・昭和36年・提供＝早藤照雄氏〉

▼**集中豪雨の被害③**　昭和36年６月27日の水門川破堤により避難を余儀なくされた近隣住民たちは、横曽根堤防上の農業倉庫に炊き出しの食料を持って集まった。〈横曽根・昭和36年・提供＝早藤照雄氏〉

◀小舟で避難　櫓漕ぎの木舟で避難する住民。昭和36年6月に発生した集中豪雨の際に撮影されたと思われる。〈浅中・昭和36年頃・個人蔵〉

▼浸水した国道258号　昭和50年8月21～24日にかけて中部地方を襲った台風6号による被害状況を写したもの。冠水した道路を走る車が大きな水しぶきを上げている。揖斐川の上流域各地では、山崩れによる土砂災害が発生した。〈浅草・昭和50年・提供＝早藤照雄氏〉

◀ **9.12 豪雨水害の被害①**　昭和51年、岐阜県は台風17号の影響により戦後最大の豪雨に見舞われた。西濃地域は、河川の氾濫による被害が甚大であった。写真は冠水した大垣駅前のようすである。膝辺りまで水に浸かりながら、人々が歩いている。自転車を漕ぐ強者も。手前に写るベンチは、立入禁止区域を示す目印であろうか。〈高屋町・昭和51年・提供＝河合孝氏〉

▼ **9.12 豪雨水害の被害②**　駅前通りをゴムボートに子どもを乗せて引く人。市の周辺部では、家に備えられた「上げ舟」をおろして、舟で移動する人も多くいたという。〈郭町・昭和51年・提供＝河合孝氏〉

7 賑わう祭りや伝統行事

大垣市内では各所で伝統ある祭りや行事が受け継がれ、地域に季節の潤いと活力をもたらしている。四季を彩る祭礼を多くの人が心待ちにし、当日は大いに賑わいをみせる。

新年を寿《ことほ》ぐ正月の祭りから始まり、厄除けの節分、五穀豊穣を願う春祭りを経て、圧巻は西美濃に初夏の到来を告げる大垣八幡神社の例祭「大垣まつり」である。十三輌の軕がからくりなどを披露しながら市街地八・八キロを巡行し、街全体がお囃子の音と熱気につつまれる。平成二十八年十二月一日には、国際連合教育科学文化機関（ユネスコ）の無形文化遺産に登録され、その賑わいに一層拍車をかけることになった。

七月下旬に墨俣町地内で催される「すのまた天王祭」は、牛頭天王《ごずてんのう》を祀る天王社（津島神社の枝社）の祭りである。川の神様への敬いと信仰が祭りを生み、次第に盛んになった。現在では、生活用品や農作物などを使ったダシと呼ばれる作り物が地内の軒先に並べられ、訪れる人の目を楽しませている。

そして秋祭りを迎える。上石津町牧田で行われる「上野の八朔祭《はっさくまつり》」は、赤粘土を詰めた藁俵に十六本の竹刀を差し、その先に丸型提灯を吊るして作った燈籠を回す奇祭である。カボチャ祭りの別名がある。文字通り旧暦の八月一日に稲の実りを願い祝うものであったが、後に二百十日の厄日である九月一日に大難が小難で済むよう祈願するようになった。これらはいずれも大垣における代表的な祭りの風景として人々の心に根づいている。

近年では市民グループや商店街などが主催するイベントやフェスティバルの名で各種の祭りが開催されるようになった。さらに学校や企業などで催されるものを含めれば、我々は多種多彩なハレの日を過ごしていることになる。俳人松尾芭蕉が唱えた「不易流行」の言葉通り、祭りや伝統行事そのものの在り方も、変わらない本質的なものの中にも新しさを取り入れていくというように時代とともに変容している。そしてこれらは地域コミュニティーの重要性や役割の見直しを迫られる現代において、人と人をつなぐ貴重な場となりつつある。

（鈴木隆雄）

▲高橋を渡る大垣まつりの軕《やま》　左は新町の菅原軕、右は魚屋町の鯰軕。中央奥には「住吉燈台」が見える。〈船町・昭和25年頃・提供＝河合孝氏〉

▲旧家が並ぶ船町通りを行く玉の井軕　現在は広くなっている船町通りの中央には、かつて「船町川」とも呼ばれた水路が通っていて、道路沿いには商家が立ち並んでいた。船町川は戦災復興都市事業により、写真が撮影された年から昭和34年にかけて埋め立てられた。〈船町・昭和31年・提供＝河合孝氏〉

▼大垣まつりの神輿　大垣八幡神社前に集結した神輿。当時の熱気が写真から伝わってくる。大垣まつりでは、軕の他に3基の神輿が繰り出す。写真右上の小屋は今も続くお化け屋敷か見世物小屋の一部であろう。〈西外側町・昭和33年・提供＝河合孝氏〉

▲大黒軸　愛宕神社前を行く大黒軸。大黒軸は、神楽軸、恵比須軸と同じく大垣藩主下賜の軸である。〈船町・昭和 38 年・提供＝佐久間敏雄氏〉

▲大黒軸と記念撮影　内外雑穀の看板が見える建物は今も営業を続ける石原である。大黒軸は俵町、竹島町、魚屋町が一年ごとに交代して曳いた。〈俵町・昭和 30 年・提供＝小川光彦氏〉

▲玉の井軕　巡行の途中、神田町通りで方向転換する玉の井軕。軕の後方を持ち上げ前輪を支点にして向きを変えている。〈神田町・昭和 38 年・提供＝佐久間敏雄氏〉

◀玉の井軕の舞台で　華やかな着物に身を包んだ子どもが「春雨」を舞う。船町 4 丁目付近で撮影。玉の井軕は松竹軕と並び、少年少女の舞踊が演じられる芸軕である。〈船町・昭和 31 年・提供＝加納喜長氏〉

▲恵比須軸　不破自転車前で東向きに撮影。この軸は船町、伝馬町、岐阜町、宮町の４町が年々交代で曳いている。本楽の夜、祭行事が終了すると、その年の恵比須軸の責任町から次の責任町へ恵比寿のお頭《かしら》を渡す「お頭わたし」神事が八幡神社で古式のままに行われる。〈船町・昭和30年頃・提供＝加納喜長氏〉

▶寺内町を行く愛宕軸　愛宕軸は、謡曲「弓《ゆみ》八《や》幡《わた》」を題材とした軸。写真は、箱から現れた鳩に狂言師が驚く場面を捉えている。〈寺内町・昭和36年・提供＝峰岸艶子氏〉

◀**愛宕軸**　前方の人物が長い竹棒を使い、軸が電線に触れぬよう持ち上げている。「理髪 井上」の看板が見える。〈新町・昭和32年・提供＝山村敏朗氏〉

▶**京橋を渡る愛宕軸**　水門川の川面に影をただよわせながら進む愛宕軸。水門川支流の牛屋川に架かる京橋を、今まさに渡ろうとするところである。〈船町～俵町・昭和36年・提供＝佐久間敏雄氏〉

▶榊軕　榊と鈴を持って神楽を舞う天鈿女命《あめのうずめのみこと》のからくり人形が、見物客の目を楽しませる。〈新町・昭和33年頃・提供＝臼井優二氏〉

▲菅原軕の前で　八幡神社前で菅原軕を背景に記念写真。菅原軕は、新町の氏神である天神神社にあやかり天神軕とも呼ばれている。〈西外側町・昭和50年・提供＝臼井優二氏〉

▶鯰軕　赤い頭巾をかぶりヒョウタンを振りかざした老人が、あばれ狂う大鯰を押さえようと激しく動く所作が今も変わらず人気を博している。〈西外側町・昭和30年代後半・提供＝松岡千尋氏〉

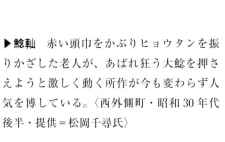

▲軕の到着を待つ商家の人々　日本画家、守屋多々志の実家である船町の商家前で撮影。〈船町・昭和31年・提供＝河合孝氏〉

▼軕を見物する子どもたち　祭りや縁日で売られるお面は子どもたちに大人気。当時人気だった鉄人28号などのお面を付けてカメラに納まる少年たち。左に見えるのは鯰軕。〈中町・昭和39年・提供＝河合孝氏〉

▶大垣まつりを見物　本町の商家の２階から見物する家族。〈本町・昭和 38 年・提供＝佐久間敏雄氏〉

◀大垣まつりの金魚売り　駅前通りや八幡神社の境内など毎年決まった場所で、和金や出目金、コメットなどの金魚が売られていた。種類や大きさによって値段も違った。〈郭町・昭和 32 年・提供＝山村敏朗氏〉

▲水都まつりの七夕まつり①　木村洋服店前に飾られた第17班の七夕飾り。水都まつりは、昭和11年に市と商工会議所が「水のまつり」として始めたのが最初である。戦中に一時は途絶えたが、同23年に「水都まつり」と改称して復活した。写真は、32年に初協賛した本町の七夕まつりのようす。華やかな七夕飾りは、いまや大垣を代表する夏の風物詩のひとつである。〈本町・昭和32年・提供＝山村敏朗氏〉

◀水都まつりの七夕まつり②
田中屋煎餅総本家前の七夕飾り。子どもの頃、吹き流しは見るだけでなく、ジャンプして手で触れたり引っ張ったりする楽しみがあった。夜になるとすれ違うことができないほど多くの見物客で賑わった。〈本町・昭和32年・提供＝山村敏朗氏〉

▲水都まつりの七夕まつり③　衣料品店「正札堂」前に置かれた作り物。湊町であり城下町でもあった大垣らしい作り物である。〈郭町・昭和 32 年・提供＝山村敏朗氏〉

▼水都まつりの七夕まつり④　本町商店街のアーチと作り物の孫悟空。左下の作り物には「TOKYO オリンピック」の文字が書かれており、この年に開催された東京五輪の聖火台を模したものと思われる。〈本町・昭和 39 年・提供＝中島隆夫氏〉

▶水都まつりの七夕まつり⑤　大勢の見物客で賑わう本町商店街の夜の光景。〈本町・昭和48年・提供＝早藤照雄氏〉

▼水都まつりの七夕まつり⑥　モナカの皮に針金を差した「ポイ」で金魚をすくっている。近年は紙のポイが増えている。金魚は頭の方からすくうこと、水を切りながら金魚だけをすくうことが極意らしい。〈本町・昭和48年・提供＝早藤照雄氏〉

▶十万石まつり　大垣藩主を祀る常葉《ときわ》神社の例祭が起源。現在、体育の日の前日に行われている。写真は名鉄マルイ前を行進する武者姿の子どもたち。〈郭町・昭和47年・提供＝杉原幸夫氏〉

▲宝光院節分会はだか祭①　毎年2月3日の節分に行われる開運、厄除けを願う行事で、厄年を迎える男性が下帯姿で川を渡って厄を落とす奇祭である。写真は「みそぎ川渡り」で、杭瀬川を渡って身を清め、厄を落としているところ。〈野口町～野口付近・昭和50年・提供＝早藤照雄氏〉

▼宝光院節分会はだか祭②　「心男《しんおとこ》遷座」のようす。厄男から選ばれた「心男」を担いで練り歩く男衆は、心男の体を触って厄落としをしている。〈野口・昭和44年・提供＝早藤照雄氏〉

▶宝光院節分会はだか祭③ 「心男遷座」に続き、「福徳《ふくとく》利《り》剣木《けんぼく》授与」が行われる。住職により男衆の中に福徳利剣木の入った福俵が投げ込まれると、激しい奪い合いとなり、祭りはクライマックスを迎える。〈野口・昭和50年・提供＝鈴木孝慈氏〉

▼青墓大太鼓踊り 白髭神社の秋の大祭に奉納され、雨乞い祈願や豊年踊りとして演じられる。昭和49年に市の重要無形民俗文化財に指定された。〈青墓町・昭和40年代・提供＝日比房子氏〉

▲青墓大太鼓踊りの演者たち　白髭神社境内で撮影。力自慢の若者が大型で重量のある太鼓の踊り打ちを競った。〈青墓町・昭和 40 年代・提供＝日比房子氏〉

▼青墓の山の講まつり　山の神に感謝する祭りで、ご神体を担いだ男衆が新婚新築の家をはじめ各家庭を回り、家内安全や商売繁盛を祈願する。ご神体は毎年男性により男松でつくられる。〈青墓町・昭和 55 年・提供＝安田卓美氏〉

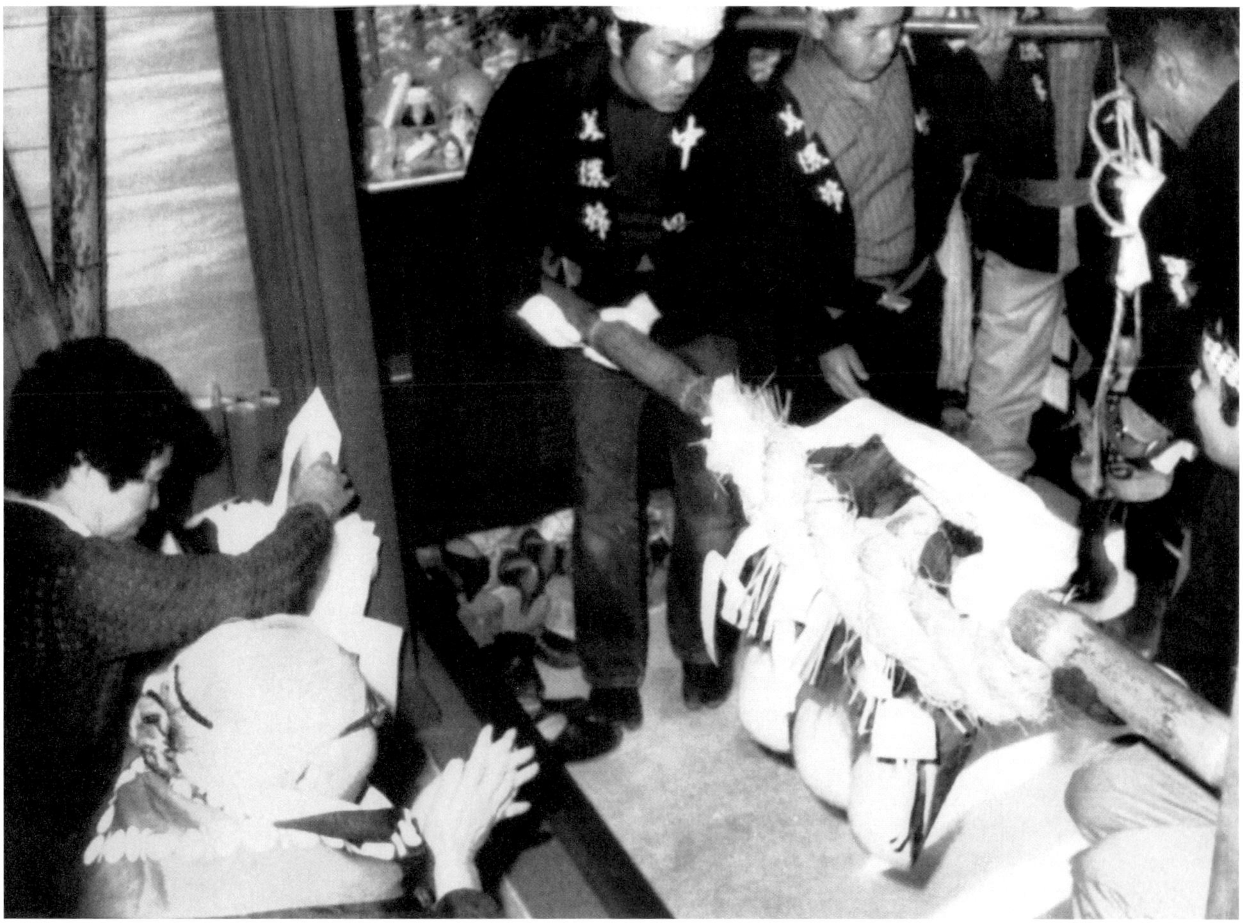

▶船町夏祭りの張りぼて①　船町の愛宕神社の祭礼に際し、船町の町内会が作った大垣城の天守。かつて船町を通っていた船町川に設置されている。〈船町・昭和27年・提供＝加納喜長氏〉

▲船町夏祭りの張りぼて②　船町夏祭りでは高橋から愛宕神社までの通りに提灯や人形などの張りぼてが飾られ、見物人の目を楽しませた。写真は静御前の都落ちの場面。〈船町・昭和27年・提供＝加納喜長氏〉

▶愛宕神社の祭礼　大きな提灯に火がともされ、露店も並ぶ賑やかな夏祭りであった。〈船町・昭和39年・提供＝佐久間敏雄氏〉

▶そろいの浴衣で　祭りの日の親子。御殿町で撮影。履物店に整然と並べられた下駄や左の店先に掲げられた不二家のペコちゃんの看板が懐かしい。〈御殿町・昭和 31 年・提供＝佐久間敏雄氏〉

◀花祭りの象の張りぼて前で　仏教を開いた釈迦の誕生日を祝うのが花祭りである。釈迦の母が白い象が胎内に入る夢を見て釈迦を身ごもったという言い伝えから、白象の張りぼてをつくって引き回した。大垣別院開闡寺で撮影。〈伝馬町・昭和 25 年・提供＝峰岸艶子氏〉

▶戸田家当主を迎えて　戸田公入城 350 年祭が催されたこの年、歴代藩主を祀る常葉神社例祭に 13 代当主氏直氏も参列。九曜紋の御神燈を背景に、氏子や廟所保存会関係者が記念撮影。〈郭町・昭和 60 年・提供＝長澤均氏〉

▲寺内町の盆踊り　盆踊りの日に撮影された記念写真。戦後のベビーブーマー、いわゆる団塊の世代の幼少期にあたる。ご覧の通り、大人数の子どもたちである。〈寺内町・昭和20年代・提供＝峰岸艶子氏〉

◀常葉神社祭典記念奉納踊り　戦後の楽しみが少なかった頃、郭町3丁目福祉会が大垣藩主戸田氏を祀る常葉神社の奉納踊りに参加した際の集合写真。〈郭町・昭和24年・提供＝横幕孜氏〉

▲松阪踊りでの土俵入り　稲が豊作であったこの年は、青年団の主唱で矢劔神社の祭礼に神輿とともに、二十数年ぶりとなる松阪踊り（仁輪加《にわか》としての土俵入りと茶摘み踊り）が盛大に催された。〈矢道町・昭和30年・提供＝長澤充氏〉

▲子ども神輿　現在の荒尾町が緑ヶ丘８丁目と呼ばれていた頃の神輿。雑貨屋のみどり屋前で撮影。緑ヶ丘は、戦後の住宅難を解消するため市が建設を進めた分譲地であった。〈荒尾町・昭和33年頃・提供＝加藤まり子氏〉

◀十六町の大名行列　この年はまれにみる大豊作の年で、十六町青年会により、豊作の祝いと前年の大垣市との合併を記念した祭りが行われた。豊年踊りの輪の中に紀州中納言の大名行列と対馬藩主宗氏および朝鮮通信使の仮装行列が練り込み、祭りはクライマックスを迎えたという。〈十六町・昭和30年・提供＝説田武紀氏〉

▶川口神明神社の祭り　祭りでは、川口青年団により櫓が建てられ、その回りを老若男女が賑やかに踊った。〈川口・昭和38年頃・提供＝早藤照雄氏〉

◀村祭りでのひととき　祭りの日には、昼時に親戚やお世話になっている人々を自宅に招き、ご馳走を振る舞う光景がよく見られた。〈川口・昭和30年頃・提供＝早藤照雄氏〉

8 暮らしのスナップ

昔はカメラで撮ったフィルムを現像に出すのが当たり前だった。出来上がりの日を心待ちにし、心躍らせてカメラ店に走ったものだ。そして持ち帰った写真を家族や友人らに回して見る。その瞬間を共有することは、たとえようのない喜びであった。

わが家の古いアルバムを開くと、遠い霧の中に浮かぶ画像のようにぼんやりと収まった写真がある。祖母が生まれたばかりの私を抱き寝顔を見守っている。写真のサイズが小さい上に全体に暗いので判然としないが、幸福そうな祖母の笑顔が垣間見え、一種の感慨がこみ上げてくる。

そして、昭和四十五年に大阪の千里丘陵でわが国初の国際博覧会「日本万国博覧会（大阪万博）」が開催された頃から、白黒写真にかわってカラー写真が主流になり、どの家庭のアルバムも華やかさと鮮やかさを増すことになった。さらに昭和の終わりには手軽に撮影できる使い捨てカメラが登場し、アルバムはより一層カラー写真であふれるようになった。

この章には主に戦後から昭和四十年代頃の、わが国が高度成長を遂げていく時代のスナップ写真が多く収録されている。戦中・戦後の荒廃を乗り越え、豊かな暮らしを願い享受する「明朗さ」と「希望」が伝わってくる。さらに被写体となった人々の背景には、駅や商店の建物や看板など、撮影者が意図せずして写り込んだ多彩な情報が盛り込まれている。

それぞれの時代に生きた人々の暮らしを映す写真と、現在のわれわれの暮らしとを比べてみると、時代による変化や地域の発展が一目瞭然となる。故郷の風景への懐かしさが胸に湧いてきて、それぞれのノスタルジーをくすぐるのである。

近年ではデジタルカメラやスマートフォンの普及により、撮影したその場で画像を見ることができ、多量のデータ保存も可能になった。そのおかげで私を含めフィルムを持ち込む人は激減した。しかし現在の記録メディアの耐久性や私のパソコン操作の拙さから考えると、主だったスナップ写真は自宅のプリンターで紙焼きにしてアルバムに綴じ、じっくりと懐かしさに浸りたくもなる。

（鈴木隆雄）

▲軒先で散髪　昭和30年代までのありふれた光景である。散髪をすると、細かな髪の毛が周囲に散らばるため、外で行ったものだ。〈川口・昭和35年頃・提供＝早藤照雄氏〉

◀**松茸山へ向かう家族**　青墓、青野地区には松茸山があり、シーズンともなると近在からの人々で大いに賑わった。マツタケは特に名古屋などの都市部で珍重され、この地域の特産品として盛んに出荷された。最盛期には名古屋・岐阜方面から臨時の松茸列車が運行され行楽客の人気を博した。〈青墓町・昭和41年・提供＝杉原幸夫氏〉

▼当時の宣伝チラシ

▲◀**マツタケ狩り**　家紋の入った紅白の幕を引いて舌鼓を打つ家族。野菜の煮物を詰めた重箱やご飯を入れた大きなお櫃《ひつ》を背中に背負い、また味噌汁や漬け物、塩、醤油、酒を持参して、現地でマツタケを焼いて食べた。マツタケを焼く金網、コンロ、炭なども必需品であった。〈青墓町・昭和30年代後半・提供＝日比房子氏〉

▲お茶屋屋敷跡（ボタン園）　会社の昼休みに訪れた矢橋大理石の職員。お茶屋屋敷は、江戸時代初めに将軍専用の休泊施設として設けられ、徳川家康や秀忠らが利用したことで知られる。明治維新後は矢橋家の所有となり、昭和20年に敷地の西側半分が新制中学校に提供されたが、東側半分は矢橋家が管理しボタン園として整備された。昭和51年に岐阜県指定の史跡になった。〈赤坂町・昭和29年・提供＝秋山京子氏〉

◀杭瀬川で水遊び　海のない地域の夏の遊びの定番といえば川遊びである。現在よりも深さのあった杭瀬川でも、泳いだり、潜って魚採りをしたりと楽しむ多くの人で賑わった。水に潜ると、様々な魚に出合い、川べりでは飛び交うホタルがみられた。〈大垣市内・昭和26年・提供＝秋山京子氏〉

◀ツクシ採り　寒い冬が終わると、河原や土手、原っぱなど日当たりのいい場所でツクシがすくすくと成長する。ツクシ採りの季節の到来である。ツクシを採った後は、皆で料理の下準備。「はかま」を取ってあく抜きし、卵とじにしたり、炊き込みご飯にしたりして春の味覚を楽しんだ。〈川口・昭和44年・提供＝早藤照雄氏〉

▶広芝池　水の都と呼ばれる大垣には、かつてあちこちに池があった。現在その多くが市街地整備のために姿を消してしまったが、広芝池は変わらず釣り人たちに愛されている。〈米野町・昭和44年・提供＝早藤照雄氏〉

▲大垣城の植木市　大垣市花卉園芸振興会が主催する植木市のようす。会場は大垣公園城西広場である。〈郭町・昭和 49 年頃・提供＝早藤照雄氏〉

▶ニシキゴイの品評会　大垣公園城西広場で催された。観賞用に改良された美しいニシキゴイは近年海外でも人気となっている。〈郭町・昭和 50 年頃・提供＝早藤照雄氏〉

▲文化洋裁学院の入学式　文化洋裁学院は大垣のブラツキ街にあった。この学校ができるまで、大垣の中学・高校を卒業した女子が洋裁を学ぶ場合は、岐阜の田神にあった洋裁学校まで電車を乗り継いで通わねばならなかった。〈郭町・昭和35年頃・提供＝野原昌治郎氏〉

▼琴の発表会　会場は料亭・四鳥。春は弥生会、夏は浴衣会などと称して、四季折々に琴の発表会が行われた。自分の琴を持ち、また着物や髪結いにかかる費用から考えると、よほど裕福な家の子女あるいは奥様方と思われる。〈東外側町・昭和29年・提供＝峰岸艶子氏〉

▲西川シロフォン教室の発表会　スポーツセンターで開催されたいづみ会合同公演。郭町東の河野写真館が、広角で撮影している。〈郭町・昭和 32 年・提供＝峰岸艶子氏〉

▲第 2 回ヤマハ音楽教室発表会　同教室の歴史は、昭和 29 年に前身である音楽教室が銀座で開設されて始まった。同 34 年にこの名称となり、現在まで長きにわたり我が国の音楽教育を支援している。写真の会場は大垣市民会館。〈外側町・昭和 35 年・個人蔵〉

▲大垣市議会の野球チーム　スポーツセンターの西にあった野球場にて。まだベンチはなく、メンバーの市議会議員もユニフォームは着用しているものの、足下はズック靴である。この野球場は、現在、大垣公園芝生広場となり、市民の憩いの場として、芭蕉元禄大垣イルミネーションなど各種イベントの会場ともなっている。〈郭町・昭和24年・提供＝野原昌治郎氏〉

◀野外でバレーボールを楽しむ　日本合成化学工業の寮および工場事務所付近。体育の授業であれ、企業スポーツであれ、当時のバレーボールは屋外の土のコート上で行われた。〈神田町・昭和33年頃・提供＝伊黒敬雄氏〉

◀**大垣公園での対局**　ベンチでの将棋をたくさんの人が取り囲んで見ている。平成の初め頃まで、大垣公園内や城西広場などでこうした光景が連日のように見られた。〈郭町・昭和49年頃・提供＝早藤照雄氏〉

▶**次なる一手は**　写真はのちに墨俣町長となる岩田太一が自宅に仲間を招いて囲碁を打ったときのもの。戦後の混乱が落ち着き、趣味に興じる余裕も生まれた頃である。傍らに置かれた火鉢が懐かしい。〈墨俣町・昭和30年頃・提供＝岩田富美子氏〉

▲▼**ボウリングブーム**　昭和40年代半ば頃からボウリングが盛んになり、全国規模でボウリングブームが巻き起こった。昭和46年には、テレビ番組「スターボウリング」の放映が開始され、中山律子らプロボウラーがアイドルさながらの人気者となった。写真は市内にあったボウリング場「大垣インターボウル」。連日ボウリングを楽しむ市民で賑わっていた。〈外渕・昭和47年・提供＝早藤照雄氏〉

▲◀大垣競輪場での練習風景　大垣競輪場は昭和24年に設立が認可され、同27年に完成した。上写真は、その真新しいバンク（競走路）で練習する選手たち。左写真は、練習の合間のひととき。〈早苗町・昭和27年・提供＝加納喜長氏〉

▶素人劇団の公演　郭町演芸場での小鹿座の公演。小さな芝居小屋でも、戦後間もない頃の娯楽としては十分だった。ほどなくして竹島町に本格建築の松竹館、次いでスイト会館、大垣劇場、日本劇場、シャトル劇場、洋画専門館のロマン座、竹島劇場、そして東宝会館の前身である平和会館が相次いで開館し、興行ラッシュを迎える。〈郭町・昭和25年頃・提供＝加藤まり子氏〉

▲島田舞踊の会　舞踊家・島田律子が主宰し、独創的なスタイルで人々を魅了した。この時披露したのは「カカシの踊り」。現在は後身の島田恵舞踊研究所が、大垣市芸術祭に参加するなど精力的な活動を続けている。〈郭町・昭和 32 年・提供＝峰岸艶子氏〉

▲大垣松竹映画劇場前の行列　当時、人気急上昇中の俳優・竹脇無我の「実演」を見るために押し寄せた女性たち。入り口には、岩下志麻、倍賞千恵子らが出演する映画「暖流」の広告提灯が下がる。〈竹島町・昭和 41 年・提供＝加藤まり子氏〉

▲岩下志麻を囲んで　大垣松竹映画劇場前で撮影。川端康成原作の映画「雪国」のキャンペーンのため、主演の岩下志麻が大垣を訪れた。〈竹島町・昭和41年頃・提供＝加藤まり子氏〉

▶竹脇無我後援会発会式　スポーツセンターで開催された。竹脇無我の右は、現在も活躍中の藤岡弘。左に名札の見える市川瑛子はのちに歌手に転向している。〈郭町・昭和41年・提供＝加藤まり子氏〉

◀テレビのある我が家　テレビを背にパチリ。日本でテレビの本放送が始まったのは昭和28年。しばらくは街頭テレビや電気店の店先で見るしかなかったが、同34年の皇太子（今上天皇）御成婚を機に一般家庭に普及した。〈南高橋町・昭和36年・提供＝杉原幸夫氏〉

▼四本脚の箱型ブラウン管テレビ　雑誌を読む女性の後ろは、画面の角が丸いブラウン管の白黒テレビ。昭和30年代前半、洗濯機、冷蔵庫とともに「三種の神器」と呼ばれていた。〈新町・昭和30年代後半・提供＝高木浩司氏〉

▼希少なステレオビジョン　女性が見ているのは当時でも珍しい、ステレオセットとテレビが一体化したステレオビジョン。画面の左側がステレオセットとなっている。購入した当初は、周囲にテレビさえある家は少なく、友人や知人が集まり一緒にテレビ鑑賞を楽しんだという。〈高屋町・昭和30年代後半・提供＝松岡千尋氏〉

▲荒尾町町民運動会　牧野町のさくら公園で開催された。小学校の２人掛けの長机が使われており、来賓は少々窮屈そうである。〈牧野町・昭和30年・提供＝加藤まり子氏〉

▼新町児童演芸会の余興　大運寺を会場にして催された児童の演芸会。大人も参加して小唄「かっぽれ」を踊る。「飛入歓迎」なる粋なはからいも。〈新町・昭和31年・提供＝臼井優二氏〉

◀新町子供会のひな祭り会食　町内の民家で、ひな祭りの日に親子らが集まって記念撮影。〈新町・昭和33年・提供＝臼井優二氏〉

▲赤坂町青年団芸能祭　会場は赤坂劇場。船や川の舞台装置から、演目は「石松三十石船道中」であろう。金比羅代参を済ませた森の石松の帰りの道中を描いたもので、浪曲師・二代目広沢虎造による「石松三十石船道中」は特に人気を博した。三十石船に乗り合わせた江戸っ子とのやりとりが軽妙で、「江戸っ子だってねえ」「神田の生まれよ」「すしを食いねえ」の台詞はよく知られている。前列左端の役者の法被に「銘酒 麋城《びじょう》正宗 竹中」、右端の役者が被る手ぬぐいには「白木屋呉服」とあるのが見える。〈赤坂町・昭和29年・提供＝秋山京子氏〉

▶津嶋神社での素人演芸会　美しく装った面々は男性のようだ。背後に組まれた櫓《やぐら》に「壱等、弐等、参等」と書かれており、演芸会は競い合いで、賞品付きだったようだ。〈上石津町牧田・昭和25年頃・提供＝芳田一美氏〉

◀生け花講習会　終戦後、全国各地に地域単位で組織された青年団。写真は活動が盛んだった頃で、川口青年団の生け花講習会のようす。完成した作品を前に。〈川口・昭和34年頃・提供＝早藤照雄氏〉

◀**大垣青年クラブの新年宴会**　料亭・助六で開催された。当時は驚くほどの会員数であった。同クラブは昭和34年に発足。現在も自己研修、社会奉仕、相互親睦を三本柱に幅広い活動に取り組んでいる。代表的なものに水門川の浄化や鹿児島との交流がある。〈高砂町・昭和43年・提供＝野原昌治郎氏〉

▶**消防操法大会①**　北公園で開催された大会。参加したのは、各地区の消防団員たち。〈八島町・昭和36年・提供＝佐久間敏雄氏〉

◀**消防操法大会②**　火点に見立てた的に放水する消防団員たち。〈八島町・昭和36年・提供＝佐久間敏雄氏〉

▲家屋の解体風景　近隣住民で手分けをして家屋を解体するようす。人海戦術で瓦を順に送り渡し、屋根から下ろしている。〈平町・昭和44年・提供＝羽根田友宏氏〉

▶花嫁道中　花婿が花嫁の家へ迎えに来ると、花嫁一行を仲人の女性が先導して嫁ぎ先へ向かう。花嫁行列の後ろを付いて歩く子どもたちもいる。この後、菓子まきも行われる。〈東町・昭和36年・提供＝羽根田友宏氏〉

◀**結納の品々**　座敷に所狭しと並べられている。福禄寿と寿老人の置物、鯛の紙飾り、スルメ、「壽」と書かれた酒樽、鶴が描かれた飾り物など、縁起物の数々である。近年は結納もすっかり簡略化されつつある。〈寺内町・昭和36年・提供＝野原昌治郎氏〉

▲**平井地区の結婚式①**　旧上石津町の北西部、山あいにある平井地区では当時、結婚式を婚家で行うこともまだ多かった。上座に新郎新婦が並び、その傍に仲人が付いた。あとは血縁の濃い者から順に坐った。膳に載りきらないほどの料理が見え、新郎が縁者に酒をついでまわっている。〈上石津町牧田・昭和42年・提供＝藤尾信義氏〉

◀**平井地区の結婚式②**　「荷出し」のようす。女性側が新居へ家具や調度品等を運ぶ行事で、かつては儀式としても重要であった。雪の残る道をトラックが行く。〈上石津町牧田・昭和42年・提供＝藤尾信義氏〉

◀料亭での結婚式　当時、料亭等で行うのは富裕層などごく一部だった。冬の日の披露宴であろう、火鉢がいくつも置かれている。〈高砂町・昭和33年・提供＝安田卓美氏〉

▶車に乗り込む花嫁　結婚式場へ向かう際、花嫁を乗せた車は縁起を担ぎ決してバック（後戻り）はしなかった。狭い道では対向車に「心付け」を渡して進路をゆずってもらった。〈上石津町時山・昭和61年・提供＝川添勇氏〉

▲野辺送り①　故人の自宅での葬儀。立派な花輪がいくつも並ぶ。〈綾野町・昭和39年・提供＝佐久間敏雄氏〉

◀野辺送り②　おそらく座棺であろう。飾りが施された輿に納められ、運ばれていく。輿の傍には手向けの白菊を持った親族が寄り添い、後には会葬者の長い行列が続いている。〈綾野町・昭和39年・提供＝佐久間敏雄氏〉

▲野辺送り③　うつむいてあぜ道を行く人々。背景には遠く金生山を望む。〈綾野町・昭和 39 年・提供 = 佐久間敏雄氏〉

▼野辺送り④　旧来の土葬の風習を残す農村風景と、写真右上に見える東海道新幹線の高架とが対照的。時代は高度経済成長期真っ只中である。〈綾野町・昭和 39 年・提供 = 佐久間敏雄氏〉

◀**開店祝いの花を持ち帰る**　新規開店の日に、色とりどりの祝い花が店頭に並ぶのは全国各地で見られるが、東海地方の一部には客や通行人が自由に抜き取って持ち帰る慣習がある。「祝い花が早くなくなるほど商売繁盛する」ともいわれている。〈高橋町・昭和 50 年頃・提供＝杉原幸夫氏〉

▶**医師の家族**　この頃はまだ普段着に、よそ行きにと着物を着ている女性も少なくなかった。対照的に、少女はヘアバンドにかわいらしいワンピース姿である。まちのお医者さん・鈴木医院前で、その家族が集って。2 階にはモダンな窓ガラスが見える。〈浅中・昭和 41 年頃・個人蔵〉

◀**大雪の道路**　神田町の県道沿いの歩道で雪かきに精を出す人。この頃までは大雪に見舞われることがよくあった。道路の両側にうずたかく積み上げられた雪の中を登校した記憶がある人も多いだろう。近年の積雪量はずいぶん減ったように思われる。〈神田町・昭和40年・提供＝菊一刃物〉

▶台風除けのまじない　台風が近づくと、その方向に鎌の刃を向け、竹竿の先に結んで高く立てて、風を弱めるまじないとした。かつての大垣ではよく見られた光景である。〈万石・昭和 34 年頃・提供＝河合孝氏〉

◀枯れた自噴井戸　繊維工場が大量に地下水を汲み上げるようになったこともあって地下水位が下がり、自噴水はかつての勢いを失った。土管の脇にあいた穴は、かつて地下水位が高かった頃の証《あかし》。井戸の周囲には、ユキノシタが自生している。〈築捨町・昭和 40 年頃・提供＝河合孝氏〉

フォトコラム　戦後の子どもたち

どの時代、どの国にあっても、子どもの笑顔に勝るものはない。すべての世界の希望そのものである。子どもが不幸であったり少子化がさらに進行したりしたら、暗く荒廃した社会になるだろう。

子どもは遊びを通して成長し、さまざまな情動を表すようになる。かつては年上の子、同年の子、年下の子を遊び相手に、あらゆる状況が成長への足場になった。そして、勝負における対話を多く交わしながら自分を訓練するところに、むかしの遊びの値打ちがあった。遊びの場では、互いに認め理解し合った上での規律やルールがあり、勝つための激しい言葉による対話もあった。相手の言葉を聴く耳を持つのと同時に、自分からも言葉を発する場面が生じ、その果てに互いが心の底から勝ち誇ったり、くやしがったりする、そういう対話があったのである。

真剣勝負になればなるほど、遊び道具には手作りの過程で創意工夫をほどこすことが必要になった。たとえばメンコやベーゴマなどは相手との勝負のなかから、どうしたら一枚でも一個でも多くとれるかを考える心が生まれた。待ったなしの状況に置かれてより上等な立場をつくっていくことにしのぎを削ったのである。このような過程で作り上げたものにはたいへんな愛着が芽生えた。なくなれば、あるいは壊れれば買えばいいというものではなかった。

遊び場所も失われた。川や池、田んぼには立ち入ることができなくなった。さらに学習塾や習いごと等で遊ぶ時間もなくなり、ましてや仲間同士で時間を合わせることは不可能になった。遊び道具がゲーム機に代わってしまうと、黙って指先を動かしているだけになった。当然ながら、そこには相手や仲間から発せられる生の言葉はない。子どもは、遊び相手という対人関係を失うことになった。

こうした姿は、現代社会を映し出しているといえるが、子どもの健全な成長を図るために、われわれ大人はどう働きかけていったらよいのだろうか。ここに集めた昭和の大垣の子どもたちの表情豊かな写真を眺めながら考えたいものである。

（鈴木隆雄）

▲夏休みのラジオ体操　夏休みになると町内の子どもたちが集ってラジオ体操。眠い目をこすりながら会場に向かった思い出のある人も多いだろう。〈川口・昭和48年・提供＝早藤照雄氏〉

◀**たらいの赤ちゃん**　たらいは木製。産湯だろうか。産婆は手慣れているが、まさに「こわれもの」を扱うようだ。〈大垣市内・昭和35年・提供＝桐山帛子氏〉

▼**体重測定**　家にある秤に座布団を取り付けて赤ちゃんを載せ、体重を測っている。〈上石津町・昭和35年・提供＝桐山帛子氏〉

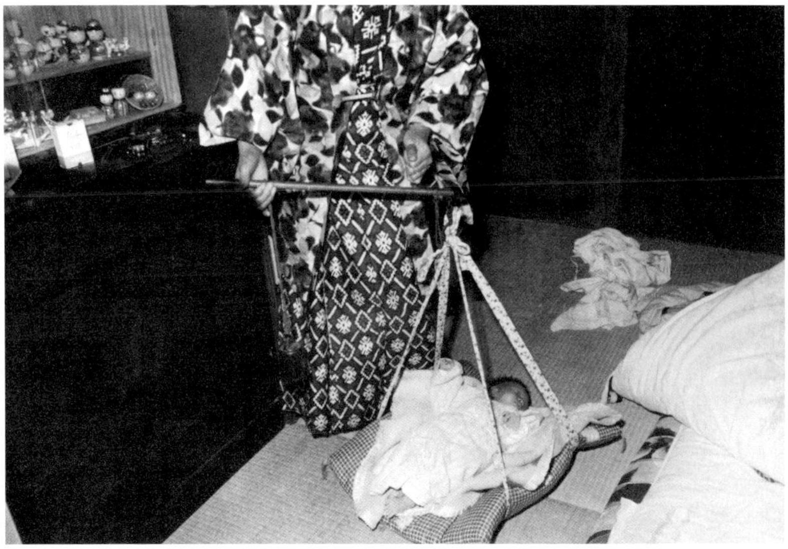

◀**行水でゴキゲン**　たらいは洗濯だけでなく、乳幼児を行水させるときにも使った。夏の暑さにゴキゲンななめだった赤ちゃんもニコニコ顔。〈墨俣町・昭和30年頃・提供＝岩田富美子氏〉

▲全部お揃い　母の手編みのセーターを着た双子の姉妹。散髪も母がしてくれた。当時おかっぱは女児のお決まりのヘアスタイルだった。〈御殿町・昭和40年・提供＝中島隆夫氏〉

▶食事中のひとコマ　好奇心旺盛な子どもはどんなときでもじっとはしていられない。母親が子どもにごはんを食べさせているところを窓越しに写している。アルミサッシが普及する以前は、ガラスが細かい桟にはめ込まれた引き戸が主流だった。〈平町・昭和41年・提供＝羽根田友宏氏〉

◀勉強机に向かって　一心不乱に勉強する中学2年生。机には理科のドリルが置かれている。子どもが多かった時代、自分専用の勉強部屋を持つことは憧れのひとつだった。〈川口・昭和38年・提供＝早藤照雄氏〉

▶ちびっこカメラマン　一般家庭にカメラが普及し始めたのは昭和30年代後半頃。扱いが簡単な自動露出カメラが登場すると、子どもでも使えるようになった。〈川口・昭和48年頃・提供＝早藤照雄氏〉

▶**縁側で「シェー」** 赤塚不二夫の人気漫画「おそ松くん」の登場人物、イヤミの真似をして、腕と足を曲げた独特のポーズをとりながら「シェー!」と叫ぶのが流行した。当時は老若男女、誰もがこのポーズを真似た。〈青募町・昭和30年代後半・提供＝日比房子氏〉

▲**店先で「シェー」** 東幼稚園入園の日のひとコマ。真新しい制服に身を包んで臨んだ記念撮影にも、このポーズ。〈南高橋町・昭和41年・提供＝杉原幸夫氏〉

▶**お外で「シェー」** 外遊び中にカメラを向けられ「シェー!」。当時は王貞治やビートルズ、ゴジラ、そして浩宮（現皇太子）までも「シェー!」をしたという。トラックの後ろは了信寺。〈北切石町・昭和41年・提供＝高木浩司氏〉

▶ダッコちゃんが大流行　昭和35年に発売されたビニール製の「ダッコちゃん人形」は、若い女性から人気に火がつき、爆発的な売れ行きをみせた玩具である。同年末までに240万個が販売されるほどだった。〈神田町・昭和36年・提供＝菊一刃物〉

▲歩行器にもダッコちゃん　この頃から乳児の歩行訓練用として歩行器が全国的に広まっていく。多くは生後半年から1年半位までの間に使用され、これを使うとひとり歩きが早くなるといわれていた。その歩行器にも、ブームが再燃した頃のダッコちゃんがぶら下がっている。〈寺内町・昭和46年・提供＝野原昌治郎氏〉

▶ホッピング　ぴょんぴょんと飛び跳ねて遊ぶホッピングは、昭和30年代前半に大流行した。その後ブームは去ったが、50年代に当時を知らない子どもたちの間で再び人気を呼んだ。〈新町・昭和32年頃・提供＝臼井優二氏〉

▶大人の自転車を乗りこなす 子ども用自転車が一般的になるのは昭和40年代に入ってから。当時のヤンチャ坊主たちはサドルに腰かけず、いわゆる「三角乗り」でゆうゆうと大きな自転車を操った。〈郭町・昭和28年頃・提供＝横幕孜氏〉

▼赤ちゃんの「自家用車」 この頃主流だった形の乳母車に乗ってにっこり笑顔の赤ちゃん。〈上石津町・昭和36年・提供＝桐山帛子氏〉

▲ぼくも乗れるよ 三輪車に乗る小さな男の子。まだペダルに足もつかないのに、それでも得意げだ。〈北切石町・昭和36年・提供＝高木浩司氏〉

▼木製のすべり台　切石町付近の公園にあった。木製で、いかにもすべりは悪そうだが何のその。素材や形の変わった今も、すべり台は、ブランコと並ぶ人気遊具の代表である。〈切石町・昭和44年・提供＝野原昌治郎氏〉

▲トランクの上で　初代マツダ・キャロルのトランクに裸足で上り、何やら楽しそう。背筋を伸ばし大きな口を空けたポーズ。流行りの歌でも歌っているのだろうか。〈平町・昭和44年・提供＝羽根田友宏氏〉

▶自慢の自家用車「車に乗って」おしゃべりに興じる子どもたち。右手には据え置き式の鉄棒。〈林町・昭和55年・提供＝奥山節子氏〉

▲空き地に集合　西濃鉄道昼飯線踏み切り付近の空き地である。きょうだいの友人や地域のつながりによって同じ学年同士だけでなく、いろいろな年齢の子どもたちが一緒になって遊ぶのも、子守りをしながら遊ぶのも当たり前のことだった頃。集団で遊ぶことで子どもたちは社会性を身につけていった。〈赤坂町・昭和 28 年頃・提供＝伊藤政俊氏〉

▶仲良し姉妹　お揃いの帽子とワンピースは母がお出かけ用に買い揃えてくれたもの。父の職場だった大垣松竹劇場入り口前にて。〈竹島町・昭和 39 年頃・提供＝加藤まり子氏〉

◀レンゲ畑で遊ぶ　春になると満開のレンゲ畑が子どもたちの格好の遊び場となる。虫取りをしたり、草笛を鳴らしたり、摘んだ花で冠《かんむり》や首飾りを作ったり。レンゲ畑の後方、土手の向こうは名神高速道路である。〈川口・昭和44年・提供＝早藤照雄氏〉

▼プールで水遊び　夏休みになると、学校のプールが開放された日があった。授業ではなく水遊びを楽しむことができるので、多くの児童たちであふれた。〈内原・昭和47年・提供＝早藤照雄氏〉

▲浴衣で花火　花火が幸せなひとときを映し出す。子ども時代の懐かしい思い出。〈川口・昭和50年・提供＝早藤照雄氏〉

▶七夕の笹飾り　砂利道の奥が現在「カットインハウスタカ」がある辺りで、北を望んでいる。7月に入ると笹を庭先に立て、折ったり切ったりした色紙や願いごとを書いた短冊を結び付け、七夕が終わると近くの川に流した。〈上石津町下多良・昭和38年・提供＝桑原壽靖氏〉

◀凧揚げ　凧揚げは、滝廉太郎作曲の「お正月」に登場するように古来から正月の遊びとされていた。正月に限らず、電線も少なく広い場所も残っていたこの頃はまだ年中楽しむことができた。〈川口・昭和50年頃・提供＝早藤照雄氏〉

▶ソリ遊び　雪の積もった水門川の堤防。その側面を手製のソリで滑り降りる。さあ、ひっくり返らずに下まで行けるか。〈川口・昭和34年頃・提供＝早藤照雄氏〉

◀雪だるまを作ろう　降り積もる雪に子どもたちは心を躍らせる。寒さなんかなんのその。雪合戦に雪だるま作り、雪の日はいつもにもまして楽しみがいっぱいだ。〈神田町・昭和40年・提供＝菊一刃物〉

▲雪だるまの完成？　ちょっと不格好だけれど、完成した雪だるまの前で「はいチーズ！」。雪だるまをつくるときには、バケツをひっくり返して帽子にしたり、葉っぱや木の実、古くは炭団《たどん》などで目鼻口をつけたりと、思い思いに工夫をこらしたものだ。写真の雪だるまの腕は箒《ほうき》のようである。〈川口・昭和50年頃・提供＝早藤照雄氏〉

◀大垣まつりの日　新町の子どもたち。それぞれにハレの日のおめかしをしている。〈新町・昭和33年頃・提供＝臼井優二氏〉

▶端午の節句　嫁に男の子が生まれるとその実家から鯉のぼりや幟旗が贈られ、庭先に立てられた。子どもの成長と健康を願う気持ちは今も昔も変わらない。〈川口・昭和49年頃・提供＝早藤照雄氏〉

▶**かわいいお稚児さん①**　長円寺の稚児行列の後、自宅の「みどり屋」の前で。〈荒尾町・昭和35年頃・提供＝加藤まり子氏〉

▼**かわいいお稚児さん②**　真徳寺のお稚児さん。まこと保育園の園児たちである。天冠《てんがん》などをつけて華やかに着飾り、手を引く母親たちも盛装である。〈三塚町・昭和41年・提供＝杉原幸夫氏〉

◀濃飛護国神社へ七五三参り　七五三は、子どもの成長を祝い、報告し、祈願する風習である。11月15日に3歳の男女児、5歳の男児、7歳の女児が家族とともに神社などに参詣する。神前でお祓いを受けた晴れ着姿の子どもたちは、まだ緊張の面持ち。〈郭町・昭和39年・提供＝高木浩司氏〉

▼金生山神社で園児たちの七五三　赤坂西保育園の園児たちが金生山神社を詣でた際の記念写真。手にはそれぞれ「千歳飴」を大事そうに持っている。〈赤坂町・昭和42年頃・提供＝田中総一氏〉

9 戦後教育と懐かしの学舎

昭和二十一年十一月、日本国憲法が公布され、翌二十二年三月に教育基本法、学校教育法が制定された。これにより、日本の教育は民主的な教育を目指し、学校制度は、六三三四制とされた。文教都市大垣は、いち早くこれに対応し、新しい教育の実現に着手した。

当面、義務教育環境の整備、小学校の校舎復興や、新制中学校の設立が課題となった。

小学校では、焼け跡に張ったテントや、他校の校舎を借り受けての授業や、二部授業、あるいは百人以上の児童が詰め込まれた教室など、様々な困難を抱えていた。大垣市はすぐに多額の予算を組み、大変な努力を重ね、早くも昭和二十二年中に戦災小学校の再建工事に着手し、二十三年度から新校舎で授業を迎えることができた学校もあった。

新制中学校については、まず興文、東、西、南、北の五校の設立が計画された。当初は旧制中学校や小学校の一部を借用して発足するよりなかったが、市は教育を重視し、優先的に巨費を投入して校舎建設を企図した。そして校区民と協力して、戦後の物資不足の中にもかかわらず、新材で校舎を造り上げた。

学習内容では社会科が新設されるなど大幅な改定が行われ、指導方法においても系統的な学習から問題解決学習に改められた。

この新時代の教育を充実させるべく、授業研究会がさかんに行われるようになった。その後、市も昭和五十一年に教育研究所を設立し、大垣の教育発展に力を注いだ。こうして、市の義務教育は環境、内容ともに次第に充実していった。

新制高校については県教委の指導のもと、学制改革に伴い、昭和二十三〜二十六年にかけて従来の学校が統合され、大垣工業、大垣北、大垣南、大垣実業稲葉分校（現大垣桜）、大垣商業の各高等学校が誕生した。

高度経済成長期には高校進学者が増加し、産業界の要請もあり、昭和三十年代に三つの高校、四十年代に二つの大学が新設された。高校は大垣農業、当時唯一の私立であった大垣（現大垣日大）、勤労女生徒を対象とした大垣第一女子。大学は私立大垣女子短期、私立岐阜経済である。さらに人口増加に対応して、四十九年には大垣東高校、五十五年に大垣西高校が誕生した。また、この頃に受験戦争が一層激化し、岐阜県に学校群制度が導入された。

新しい教育は豊かな社会を創る人材を生み出し、大垣の産業、教養・文化の振興に大いに貢献した。

一方、同じ頃に幼児教育や特別支援教育も充実していった。多くの幼稚園・保育園も研究を重ね新しい幼児教育に邁進した。昭和四十九年には大垣養護学校が設立され、特別支援教育の発展に寄与した。

（谷口隆康）

▲北国民学校の６年生　大垣空襲で市内中心部、工場地帯は大きな被害を受け、焼失した学校もいくつかあった。そうした学校は間借りをして授業を開始した。北尋常小学校を前身とする北国民学校も大日本紡績の女工が仕事をしている昼間、寮を借りて授業を始めた。（大日本紡績も大きな被害を受けたが、昭和21年にはスフ生産を再開していて、寮があった。）写真は男子学級で皆丸刈り、国民服の者も多い。昭和22年の学制改革まで国民学校は存続し、教科書もしばらく戦前のものを用い、軍国主義的な部分を児童自らが黒塗りして使った。同年には北小学校となり、現在地へ移転している。〈大垣市内・昭和20年後半・提供＝白木英武氏〉

▶興文小学校校門前での記念写真
校門の校札に英語が併記されているのは、新生日本の現れである。昭和22年に興文国民学校から興文小学校となり、校舎の再建も進んだ。窓ガラスは貴重で、盗難除けのため一枚一枚に校章が刷り込まれている。〈西外側町・昭和24年・提供＝横幕孜氏〉

◀興文小学校のプール開き　児童にとって待望の夏の日。中央左に井戸があり、この井戸水が25メートル、6コースのプールを満杯にした。男子の大半は越中褌《ふんどし》か六尺褌で、水泳パンツの着用者は少ない。〈西外側町・昭和27年・提供＝横幕孜氏〉

▶興文小学校水泳クラブ　プールサイドで。水泳クラブの部員と教職員の記念写真。〈西外側町・昭和23年・提供＝菊一刃物〉

▶興文小学校運動会　上半身裸で騎馬戦、足元は運動足袋か裸足である。運動場には揖斐川への遠足で持ち帰った川砂が敷かれている。〈西外側町・昭和27年・提供＝横幕孜氏〉

◀南小学校全景　南側から写したもの。北側の校舎（写真中央）の向こうは南中学校、西（写真左上）は大垣南高等学校である。周りはまだ田畑も多く、小中学校の東（写真右）側に市民病院はまだない。のどかな環境の中の文教地帯だった。〈美和町・昭和30年・提供＝峰岸艶子氏〉

▶南小学校の１年生　先生を囲み、木造校舎を背景にした学級写真である。児童は皆緊張気味だ。〈美和町・昭和26年・提供＝峰岸艶子氏〉

◀南小学校の４年生　始業式の日の学級写真。〈美和町・昭和36年頃・提供＝臼井優二氏〉

▶西小学校の鉄筋校舎　西国民学校の戦災被害は比較的小さかったので、戦後は被災した他校や新制中学校への間貸しも行った。昭和26年に新校舎本館が完成。以降、増え続ける子どもの数に対応して40年代まで次々に鉄筋校舎が増築された。写真はそうした校舎前での学級写真。同32年頃は一学級に50人ぐらいがひしめいていた。男女交互に並んでおり、新時代の男女平等教育を映す。〈久瀬川町・昭和32年頃・提供＝渡邉和子氏〉

◀東小学校の木造校舎　明治4年の郷学校に始まり、「東」を校名に冠したのは大正6年。その東尋常高等小学校は昭和9年に高等科を分離し、東国民学校となっていた戦時中に空襲で校舎の大部分を焼失した。同22年、大垣市立東小学校に改称され、23年現在地に新築移転。31年からは次々に鉄筋校舎にしていった。写真は運動会の日。木造校舎がまだ残っている。〈三塚町・昭和40年・提供＝杉原幸夫氏〉

▶南平野小学校の6年生　現在の青木町や草道島町が安八郡南平野村だった頃。昭和29年、南平野村のうち、旧四成村の一部（青木村）と旧幸道村域が不破郡赤坂町に編入され、該当地区の児童は赤坂小学校に移った。〈安八郡神戸町・昭和22年・提供＝秋山京子氏〉

◀宇留生小学校　空から撮影した一枚。昭和15年に不破郡宇留生村、静里村が大垣市に編入し、宇留生小学校は、静里小学校とともに大垣市立となった。昭和時代には、市域の拡大や変更によって多くの学校が大垣市立学校となった。〈熊野町・昭和39年頃・提供＝加藤まり子氏〉

▶荒崎小学校　長松城跡地に建っている。不破郡荒崎村だった場所で、昭和29年に大垣市（綾戸を除く）に編入されると、同校も大垣市立となった。写真の頃は高度経済成長期を迎えていたが、周囲はまだ田畑である。〈長松町・昭和31年・提供＝長澤充氏〉

◀不破郡荒崎小学校最後の入学記念　荒崎村が大垣市へ編入されるのはこの年の9月。不破郡荒崎小学校としては最後の新入生となった。後ろに写るのは石造の二宮金次郎で、勤勉、実直、従順などの象徴であったが、戦後に、自由、民主、平等などの価値観が重んじられるようになり多くの学校から、次第にその姿を消していった。〈長松町・昭和29年・提供＝長澤充氏〉

▶安井小学校　安井尋常小学校であった当時は安八郡安井村の学校だったが、昭和11年、安井村が大垣市と合併して大垣市立となった。昭和28年に創立60周年記念式を行っている。大垣市の拡大とともに児童数が多くなり、校舎は増築されていった。手前に写るのは旧プールである。〈禾森・昭和34年・提供＝沼波よしえ氏〉

◀江東小学校の運動会　安八郡であった校区域の村が昭和23年に大垣市に編入され、同校も大垣市立となった。健康教育に力を入れ、同39年に歯の優良校県一位受賞。以後5年連続「全日本よい歯の学校賞」を受賞している。写真は綱引き競技のようす。〈内原・昭和46年・提供＝早藤照雄氏〉

▶江東小学校の学習発表会　お揃いの帽子をかぶって器楽合奏を披露。この日のために一生懸命練習してきた児童の表情は晴れやかである。〈内原・昭和49年頃・個人蔵〉

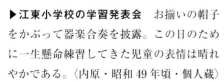

▶川並小学校、改称後の入学式　創始は明治初期にさかのぼるが、川並尋常小学校として川並村古宮に設立されたのは明治38年のこと。昭和16年以来の川並国民学校から同22年、川並小学校となった。〈古宮町・昭和22年・提供＝説田武紀氏〉

▲川並小学校　昭和23年、安八郡川並村の合併とともに大垣市立となった。校地は古宮町（川並村古宮）にあったが同31年に現在地の馬の瀬町に移転。写真の頃には鉄筋校舎の増築も始められており、木造校舎はやがて姿を消した。揖斐川堤のすぐそばで、洪水時は苦労が多かったという。〈馬の瀬町・昭和48年・提供＝長澤均氏〉

◀赤坂小学校　昭和5年に建てられた校舎の前での卒業写真。このころ卒業式は中学校の制服で臨む児童が多かった。〈赤坂新町・昭和30年・提供＝奥山節子氏〉

▶赤坂小学校の入学式　当時の体育館前にて。新1年生たちは緊張の面持ちである。〈赤坂新町・昭和41年・提供＝浅野誠氏〉

◀赤坂小学校開校百年　明治6年、私立含弘義校が赤坂宿旧本陣に創立。昭和5年、郊外の現在地に移転、同29年に赤坂町立となった後、42年に赤坂町が大垣市と合併し、大垣市立となった。この写真は100周年記念に撮影されたもので、周りはまだ田んぼが多い。〈赤坂新町・昭和48年・提供＝田中総一氏〉

▶多良小学校正門付近　昭和22年、多良国民学校は養老郡多良村立多良小学校となった。昭和30年、上石津村立となったあと、同33年、大字宮内に移転し、さらに平成6年には現在地に新築移転した。なお、上石津の学校が大垣市の合併によって大垣市立となるのは平成18年のことである。〈上石津町宮・昭和30年頃・提供＝小寺登氏〉

◀多良小学校の校内記録会　多良小学校は昭和44年、上石津村の町制施行に伴い上石津町立となった。近隣学校との交流も増え、子どもたちは学習やスポーツに力を入れた。写真は立ち幅跳びのようす。宙へ飛び出す子どもと記録する子ども、いずれも真剣そのもの。〈上石津町宮・昭和45年頃・提供＝桐山帛子氏〉

▶サフラニンテストをする多良小学校の児童たち　虫歯予防のために給食後、サフラニンで歯垢を赤く染め上げ、それを一生懸命磨いて落とした。学校はこうした活動を通して歯磨きの習慣を身につけさせていった。〈上石津町宮・昭和47年・提供＝桐山帛子氏〉

▲牧田小学校の校庭にて　牧田国民学校であった頃には軍隊が駐留していたので、終戦直後は進駐軍の厳しい取り調べを受けた。昭和22年の学制改革により、初等科は養老郡牧田村立牧田小学校になり、児童数は400人弱。高等科は新制牧田中学校となったが、同25年度末まで同居していた。給食はなく、サツマイモの弁当、数年たって麦飯弁当に梅干し一つのいわゆる「日の丸弁当」を持ってくるのが精々だった。物資不足の世の中で、貧しい暮らしであっても子どもたちは明るく元気。学習できることの喜びを感じていた。写真は2年生児童。〈上石津町牧田・昭和22年頃・提供＝芳田一美氏〉

▲牧田小学校　昭和48年に創立100年を迎えているが、同50年の鉄筋新校舎完成に合わせて百年祭を行った。上石津町では昭和38年の一之瀬小学校を皮切りに40年代、50年代に校舎の鉄筋化が進んだ。牧田小学校では平成17年、今度は逆に木造新校舎を増築し、鉄筋校舎は特別教室棟になった。平成18年、上石津町の大垣市合併により市立となった。鼓笛隊は昭和40年の岐阜国体を契機に誕生している。〈上石津町牧田・昭和54年頃・提供＝藤尾信義氏〉

▼牧田小学校の運動会　運動足袋や提灯ブルマー姿の児童たち。秋の農繁期を前に、家族や地域の人々にとっても、憩いのひとときだった。このころの農村では、子どもも大事な農業の担い手。小・中学校には春と秋、昭和30年代まで農繁期休みがあった。後ろは二代目の木造校舎。〈上石津町牧田・昭和26年頃・提供＝藤尾信義氏〉

▲墨俣小学校卒業記念写真　正面玄関脇には二宮金次郎の石像がある。小学校卒業の記念写真であるが、ほとんど全員が中学校で着る学生服、セーラー服姿である。〈墨俣町墨俣・昭和38年・提供＝横幕孜氏〉

▼墨俣小学校の運動会　校庭に整列する児童たち。万国旗はためく定番の光景である。昭和12年に建てられた木造校舎が見守るように建つ。現在の鉄筋校舎は同51年に完成した。〈墨俣町墨俣・昭和47年・提供＝大垣市墨俣地域事務所、墨俣小学校蔵〉

▲墨俣小学校創立100周年①　明治6年、復練義校として創立以来100周年を迎えたこの年、墨俣小学校では、祝賀行事の一環として、校庭に人文字を描くことになった。写真は人文字を作り始めるようす。〈墨俣町墨俣・昭和48年・提供＝大垣市墨俣地域事務所、墨俣小学校蔵〉

◀墨俣小学校創立100周年②　墨俣小学校100周年を記念して行われたパレードの光景。児童たちが校章の入った旗を持って本町通りを練り歩いた。〈墨俣町墨俣・昭和48年・提供＝大垣市墨俣地域事務所、墨俣小学校蔵〉

▶三和中学校入学式　昭和20年代はとくに、安八郡の多くの村が大垣市と合併した。そのため、中学校も市立となったが、その後統廃合が進んだ。この三和中学校がそれである。昭和27年、東中学校に編入している。〈南高橋町・昭和22年・提供＝杉原幸夫氏〉

◀北中学校の１年生　大垣市は昭和22年２月に５校の新制中学の設立を決定、同年５月に興文、東、西、南、北の各中学校が開校した。北中は、旧制大垣高女、大垣中学校、宇留生小学校で分散授業からの始まりであったが、同24年に新校舎へ全校移転が成った。写真はその前年、旧制大垣中学だった校舎前での撮影である。他の中学校も、旧大垣国民学校を校舎とした南中を除いては分散校舎であったり、間借り教室であったりして、生徒は鮨詰め状態の中で勉強した。しかし、学べる喜びは大きく、みな真剣に授業に取り組んだ。〈藤江町・昭和23年・提供＝白木英武氏〉

▶完成したばかりの北中学校校舎を背に　戦後の学制改革で新たに誕生した新制中学は、まず校舎の確保が急務であった。昭和23年の西中に続いて、北中では同24年に新校舎が完成した。写真は３年生。生徒数が多くＦクラスまであったという。〈八島町・昭和24年頃・提供＝白木英武氏〉

◀南中学校　新制中学発足時から、市内5校のうち南中だけは独立校舎（旧大垣国民学校の校舎）に恵まれ、開校と同時に市の実験校に指定された。昭和32年9月からは新校舎での学習が始まった。1年生だろうか、笑顔にあどけなさが残る。〈南頬町・昭和32年頃・提供＝峰岸艶子氏〉

▶南中学校の運動会　数団に分かれて競い合う運動会（体育祭）は一大イベント。応援合戦はその花形だった。一糸乱れぬ行進や応援をするため、応援団が中心となって練習を重ね、趣向を凝らした。応援団はあこがれの的だった。〈南頬町・昭和34年・提供＝峰岸艶子氏〉

◀赤坂中学校の学級写真　昭和22年、不破郡赤坂町立赤坂中学校として創立。翌年、青墓村との学校組合立赤坂中学校となり、同42年に赤坂町が大垣市と合併して大垣市立となった。写真は3年生の生徒たち。〈赤坂町・昭和25年・提供＝秋山京子氏〉

▶**赤坂中学校の運動会①**　男女がペアになりフォークダンスを披露。フォークダンスを学校で教えるようになったのは明治時代だが、戦後は、GHQの政策で小学校を中心に普及したといわれる。〈赤坂町・昭和47年・提供＝浅野誠氏〉

◀**赤坂中学校の運動会②**　障害物競走のようす。〈赤坂町・昭和47年・提供＝浅野誠氏〉

▶**西部中学校**　大垣市南西部（宇留生、静里、綾里、荒崎地区）の人口増加に対応して、昭和44年に創立した。写真は南舎建設工事中に撮影されたもので、北舎前に建設機械や建材が置かれている。〈荒川町・昭和55年・提供＝長澤均氏〉

◀**養老郡学校組合立日彰中学校**　昭和22年の学制改革を受けて、牧田村と一之瀬村の組合立牧田中学校として開校。翌年、一之瀬中学校が分離、独立したが、同26年に再び合併し、日彰中学校として新設された。場所は、大正10年以前に牧田小学校が建っていたところで、現牧田支所駐車場一帯である。写真は落成を記念して行われた餅まき風景。〈上石津町牧田・昭和26年・提供＝芳田一美氏〉

▶**日彰中学校の運動会①**　フォークダンスのようす。この頃はまだ、男女一緒に踊っていなかったようである。〈上石津町牧田・昭和29年・提供＝伊藤正美氏〉

◀**日彰中学校の運動会②**　昭和30年代頃まで全国の小・中学校では教育活動の一環として「子ども銀行」が設置されていた。生徒たちは毎月少額を積み立てて、卒業時に家族と受け取った。多くは子どもの学資として役立てられた。同校はこの頃に大蔵省及び日本銀行から優秀表彰を受けたこともあり、運動会の仮装行列で取りあげた。誇らしげなようすである。〈上石津町牧田・昭和29年・提供＝伊藤正美氏〉

▶多良中学校　昭和23年、交代寄合旗本の西高木家邸宅地に、多良の人々の勤労奉仕で建てられた。施設が十分整備されないままに発足した新制中学校の子どもたちのため、同校に限らず全国どこでも資金や労力など様々な形で地元民の協力があった。「おらが中学」の思いが新制中学校の初期を支えていたのである。〈上石津町宮・昭和20年代前半・提供＝小寺登氏〉

◀多良中学校の教室で　男子は丸刈り、女子は戦前戦中のように一律おかっぱではないが、総じて短い。昭和30年代終わり頃までこれが上石津の中学生の髪型だった。〈上石津町宮・昭和29年・提供＝伊藤正美氏〉

▶牧田川にて多良中学校の生徒たち　昭和40年代まで上石津のほとんどの学校にはプールがなかったので、牧田川で水泳の授業をした。夏休みは地区の子どもたちが揃って出かけ、日がな一日、水泳や魚取りに夢中になった。その中で自然に皆泳げるようになったものである。〈上石津町宮・昭和29年・提供＝伊藤正美氏〉

▶上石津町統合中学校建設　将来の生徒数減少を鑑み、懸案だった日彰、多良、時中学校の統合が昭和42年から急速に進められた。校舎建設地をめぐり各地区の綱引きは加熱したが、結局、一之瀬に決定。同48年、工事が始まった。写真はその整地などの作業に協力した自衛隊と関係者。〈上石津町一之瀬・昭和48年・提供＝小寺登氏〉

▲上石津中学校校舎落成式　生徒数370人で出発。対立した各地域の融和と団結が課題となり、「共存への創造」が学校目標となった。当時は上石津トンネルは完成しておらず、通学に支障がある生徒のために寄宿舎も設けられた。〈上石津町一之瀬・昭和50年・提供＝大垣市上石津地域事務所地域政策課〉

▲東安中学校の旧校舎　昭和22年、墨俣町と結村との組合立として創設され、現在の墨俣小学校の教室を間借りして開校した。写真は同28年に結村（現安八町東結）に新築移転した頃の校舎と東門である。同51年に建て替えられ、現在は大垣市安八郡安八町組合立となって、墨俣小学校と安八町立結小学校の卒業生たちが通っている。〈安八郡安八町・昭和28年・提供＝大垣市墨俣地域事務所〉

◀東安中学校の旧体育館　この年に完成した体育館と西門である。新築落成祝賀式は5月に行われた。〈安八郡安八町・昭和37年・提供＝大垣市墨俣地域事務所〉

幼児教育

▲南幼稚園　昭和22年、学校教育法の規定により、幼稚園教育も、学校体系の一環とされるなど新しい位置付けや教育基準に沿ったものとなった。戦前からあった幼稚園に加え、同23年から26年に続々と新設されたが追いつかず、市は28年度から東、南、北各小学校に幼稚園を仮設した。写真は丸坊主、おかっぱ頭の4、5歳児園児たち。水玉模様のエプロンが可愛らしい。〈南頬町・昭和28年頃・提供＝峰岸艶子氏〉

◀東幼稚園の入園式　高度経済成長期、特に昭和40年代は、「一億総中流」と言われ、教育熱もどんどん高まった。園児たちは終戦直後と比べてずいぶん体格がよくなっており、母親たちの着物も羽織姿の盛装である。様々な習い事をさせる家庭も多くなった。〈三塚町・昭和41年・提供＝杉原幸夫氏〉

◀江東幼稚園　昭和25年創立。写真は新しい幼稚園制度に則った教育方法や遊具、園舎などの環境もすっかり整った頃。運動会の親子競技のようす。身ぎれいなお母さんの姿も時代を映す。〈内原・昭和47年頃・個人蔵〉

▲赤坂幼稚園の卒園式　不破郡赤坂町立幼稚園時代の写真である。坊主頭、おかっぱ、エプロンもそろいである。新しい幼稚園教育制度や方法が次第に整えられ始めた頃。健康習慣や社会性、表現力などが育まれるよう指導が行われた。現在は市立赤坂幼保園となっており、赤坂小学校に隣接している。〈赤坂新町・昭和22年頃・提供＝奥山節子氏〉

▶西保育園　昭和23年設置。昭和22年、児童福祉法が制定され、幼稚園と保育園の違いが明確に示されたが、幼稚園よりも年少の子どもも預けることができる保育園はありがたいものだった。〈若森町・昭和25年頃・提供＝渡邉和子氏〉

◀南保育園①　昭和25年に設置され、現在まで続く。写真は昭和27年度修了記念で、この頃にはいっそう子どもの数が増え、幼稚園や保育園が次々とつくられた。〈南頬町・昭和28年・提供＝臼井優二氏〉

▶南保育園②　入園式の日、「しろぐみ」の園児たちの記念写真。上写真の20年前の修了生たちに比べて、年少であるこの子どもたちの方が体格は大きく見える。豊かな時代を表わしているように感じられる。〈南頬町・昭和48年・提供＝野原昌治郎氏〉

◀まこと保育園　昭和27年に認可された私立保育園。早くから幼児教育の重要性を認識し、仏教を基礎にした実践研究を重ねてきた。平成28年、みつづかこども園に園名変更され、幼保連携型認定こども園となっている。写真は卒園式での一枚。〈三塚町・昭和41年・提供＝杉原幸夫氏〉

▶丸の内保育園の運動会
昭和20年代後半から多くつくられた保育園のひとつで同30年に開園。写真は東京オリンピック開催年に行われた運動会のようす。五輪旗と日の丸を手に園児たちが行進した。オリンピックの開催は子どもにも日本がどんどん立派な国になっていく、という実感を与えた。この頃の日本は未来への明るい希望を持ち、外国との交流も進めていきたいという活気にあふれていた。〈丸の内・昭和39年・提供＝菊一刃物〉

◀丸の内保育園のお遊戯会　園児たちは趣向を凝らした衣装に身を包み、練習の成果を披露した。たくさんの保護者が参観して、わが子の成長に目を細めた。〈丸の内・昭和40年・提供＝菊一刃物〉

◀赤坂西保育園　昭和8年、当時の正福寺住職が開設した農繁期託児所を起源とし、同23年、不破郡赤坂町立赤坂保育園として認可された。30年の赤坂東保育園の開園を機に赤坂西保育園となった。写真は入園式の記念撮影で、この頃から働きに出る母親が多くなり保育園の需要が高まった。移転後、跡地には赤坂地区センターの駐車場ができた。〈赤坂町・昭和40年・提供＝浅野誠氏〉

▲赤坂西保育園の運動会　親子でダンスを踊る。お母さんたちの衣服や髪型も如実にこの時代を映す。〈赤坂町・昭和42年頃・提供＝田中総一氏〉

▶法泉寺の二又保育園　戦後しばらくは常設保育園が少なく、農村部では6月に農繁期託児所が各地に開かれた。牧田地区には6、上石津全体では16、いずれも寺院が託児所となった。寺院、学校、婦人会、青年団などが協力して運営や保育に当たった。〈上石津町牧田・昭和23年頃・提供＝芳田一美氏〉

◀多良第一保育園　戦前の農繁期季節保育所が始まり。上石津の常設保育所として、昭和23年の私立一之瀬保育園、28年の村立牧田保育園に続いて、29年に設置された私立保育園である。30年には私立多良第二保育園が開園している。写真は第10回卒園記念写真で、左側に園舎と大きな木が写る。現在の園舎は二階建てになり、園名もかみいしづこどもの森に変わったが、写真中央の木は現存している。〈上石津町下多良・昭和39年・提供＝桑原壽靖氏〉

▶牧田保育園が完成　昭和28年、牧田小学校内に開園した。その後、同46年に独立し、小学校の東に近代的なコンクリート園舎が完成した。子どもたちは大喜びで新しい施設や遊具を使って遊んだ。現在は隣地に新設された木造の園舎（上石津の木材を活用。平成15年完成）に移り、跡地は保育園の駐車場になっている。〈上石津町牧田・昭和46年・提供＝大垣市上石津地域事務所地域政策課〉

◀牧田保育園の音楽発表会　まもなく卒園を迎える年長児だろうか。カスタネットやタンバリン、太鼓などを使って「うれしいひなまつり」ほか計2曲を披露した。〈上石津町牧田・昭和47年頃・提供＝藤尾信義氏〉

▲時保育園が完成　戦後のベビーブームにより、乳幼児が増え続けたため、1歳に満たない子どもからの保育を担う保育園の整備が進められた。時保育園の開園で上石津4地区すべてに常設保育園がそろった。〈上石津町堂之上・昭和36年・提供＝大垣市上石津地域事務所地域政策課〉

▲大垣北高校の運動会　室村町の旧制大垣中学校、藤江町の大垣高等女学校をそれぞれ前身とする大垣高校と大垣女子高校が昭和23年に統合され創立。校舎は藤江町に置かれ、同36年に現在地の中川町に新築移転した。写真は藤江町時代に行われた運動会の光景。〈藤江町・昭和29年・提供＝子安俊彦氏〉

▼大垣北高校の校舎　中川町に新築したばかりの鉄筋校舎である。創立時にあった商業科は28年に廃止となったが、戦前からの歴史を背景に県下有数の進学校として成長し、文教の街大垣の伝統を引き継いで今日に至っている。〈中川町・昭和35年・提供＝峰岸艶子氏〉

▲大垣南高校の新１年生　昭和24年、普通科の学校として美和町で創立した。同49年、校地、校舎を新設の大垣東高校に移管し現在地の浅中に移転した。写真は美和町時代の入学記念撮影。〈美和町・昭和33年・提供＝野原昌治郎氏〉

▶大垣南高校の教室　この頃はまだ、大垣市の普通科高校は大垣北高校と合わせて2校だけだった。両校の生徒は切磋琢磨しあって、ともに進学校として成長し続けた。木製の机が懐かしい。〈美和町・昭和33年・提供＝野原昌治郎氏〉

◀大垣工業高校の卒業式　大正15年創立の岐阜県第二工業学校に始まり、昭和23年、新制・岐阜県大垣工業高校となり、同年8月、市立工業高校との合併を経て県立大垣工業高校が発足した。現在も工業の専門技術・技能を身に付けることのできる名門校である。木造校舎時代の卒業写真。〈南若森町・昭和27年・提供＝白木英武氏〉

▶大垣工業高校の運動会　運動会の出し物のひとつ。神輿を担いでいるのは生徒たち。その上に乗っているのは教師である。〈南若森町・昭和26年頃・提供＝白木英武氏〉

◀大垣工業高校の籠球部　校庭で撮影。バスケットボール部員の集合写真である。前列のユニフォーム姿の生徒らがレギュラーメンバーか。〈南若森町・昭和26年・提供＝白木英武氏〉

▶大垣商業高校　昭和23年、学制改革に伴い、岐阜県大垣商業学校及び大垣女子商業学校が統合して、岐阜県大垣商業高校となった。その後の再統合や学校再配置、学区制実施による名称・内容の変遷を経て、同26年に県立大垣商業高校が発足した。岐阜県内で最も古い商業高校である。写真は、昭和27年に南頬町から当時の室村町10丁目にあった興文中学校跡地へ移転した後の一枚。現在地の開発町に新築移転したのは、同46年である。同校は、西濃地方中心に多くの経済人を輩出している。〈室本町・昭和32年・提供＝佐久間敏雄氏〉

◀大垣商業高校の生徒たち　旧校舎玄関付近で撮影された学級写真。〈室本町・昭和30年・提供＝子安俊彦氏〉

▶大垣商業高校定時制の授業風景

昭和28年、大垣南高校の定時制商業科が移管されてできた。以来今日まで多くの生徒が学業と仕事の両立に、文字通り日夜励んでいる。〈室本町・昭和31年・提供＝佐久間敏雄氏〉

◀大垣農業高校の七面鳥の飼育　実習で七面鳥を1年間飼育し、その後出荷していた。大垣農業高校は大正10年、安八郡農学校として始まり、現在は大垣養老高校としてその歴史を今に受け継いでいる。〈禾森町・昭和43年・提供＝早藤照雄氏〉

▼大垣農業高校の搾乳実習　乳牛の飼育実習の一環として搾乳体験をする生徒。不慣れな生徒に乳牛のほうが気を遣っているようにも見える。〈禾森町・昭和44年・提供＝早藤照雄氏〉

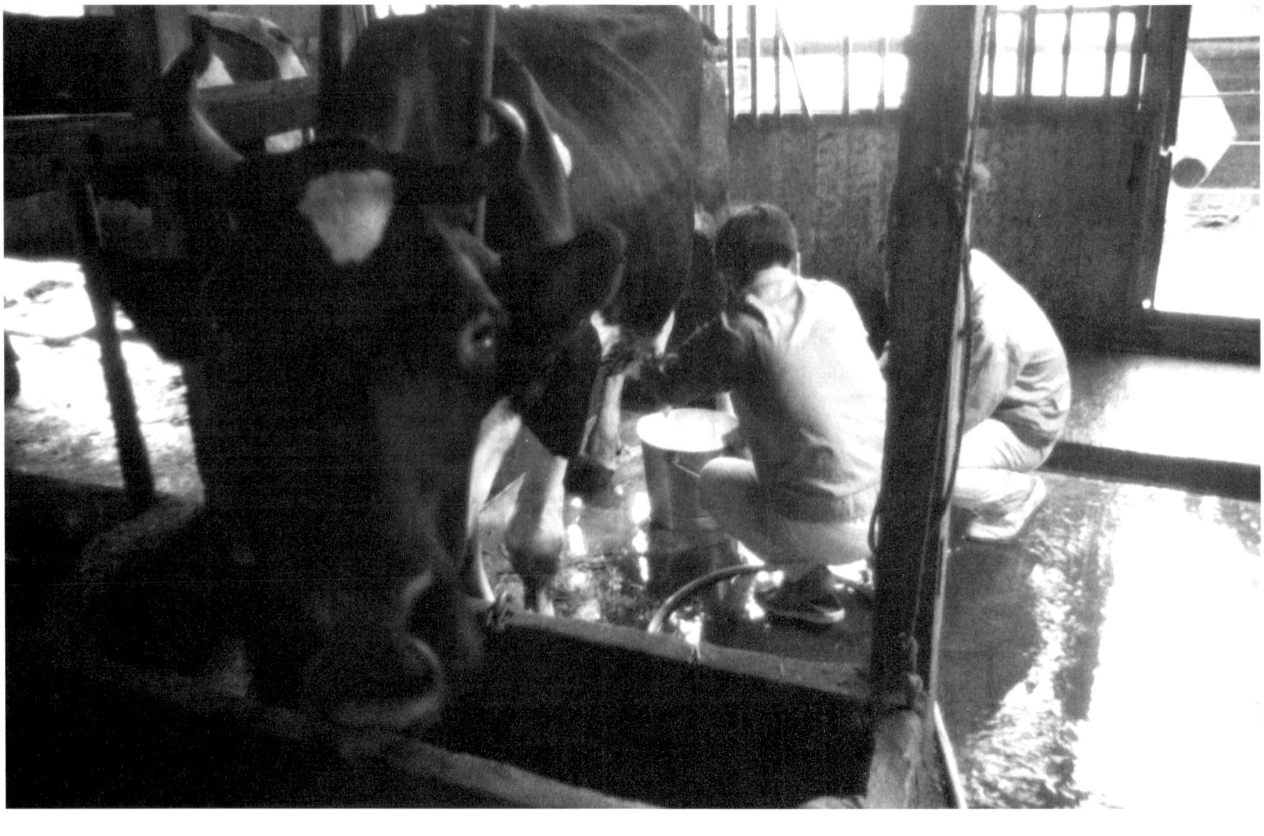

▲**大垣南高校墨俣分校**　昭和22年、高校定時制、家庭・農業課程が認可され、翌23年、県立大垣実業高校稲葉分校が誕生。26年、県立大垣南高校墨俣分校と改称した。その後、校地を上宿に移し、時代の要請や地域の実情に対応し、所属、名称、課程等を何度も変え、平成7年に県立大垣桜高校となった。現在は男女共学の全日制で、服飾デザイン科、食物科、生活文化科、福祉科がある。〈墨俣町墨俣・昭和20年代後半～30年代前半・提供＝大垣市墨俣地域事務所〉

◀**大垣高校入学式**　日本大学準付属校として、また大垣初の私立高校として昭和38年に開校した。平成初年度から大垣日本大学高校と改称され、東海地方唯一の日本大学系列校となった。大学進学を目指すとともに、スポーツ活動に重点を置いた教育を展開している。〈林町・昭和50年・提供＝浅野誠氏〉

協力者および資料提供者

（敬称略・順不同）

浅野　功
浅野　誠
伊黒敬雄
池田鋭行
伊坂敏彦
伊藤政俊
伊藤正美
伊藤真弓
岩田富美子
上野巳次
臼井　孝
臼井優二
大塚光男
小川光彦
奥山節子
奥田良二
折戸真一
梶川靖彦
加藤まり子
加納喜長
川添　勇
北村明美
桐山帛子
桑原壽靖
桑山三郎
児玉　巧
小寺　登
小林昭男
小山麻左明

子安俊彦
佐久間敏雄
柴間邦守
清水　武
白木英武
杉川玲子
杉原幸夫
鈴木孝慈
鈴木昌江
説田武紀
髙木　久
高木浩司
高田哲好
高田弘子
田中総一
長澤武夫
長澤　均
長澤　充
中島隆夫
西杉武彦
西脇角次
沼波よしえ
野原昌治郎
野村昭二
服部聖治
羽根田友宏
濱口浜子
日比房子
藤尾信義

細野國弘
松岡千尋
水谷　脩
峰岸艶子
安田卓美
山村敏朗
横幕　孜
吉倉量彦
芳田一美
渡邉和子
菊一刃物
上田石灰製造株式会社
セイノーホールディングス株式会社
矢橋大理石株式会社
大垣市立図書館
上石津郷土資料館
大垣市教育委員会
大垣市教育委員会上石津地域教育事務所
大垣市上石津地域事務所
大垣市墨俣地域事務所
大垣市立墨俣小学校
大垣市市制１００周年記念事業推進室

＊このほか多くの方々から資料提供やご教示をいただきました。謹んで御礼申し上げます。

おもな参考文献

（順不同）

『新修大垣市史』（大垣市編／一九六八～）
『大垣市史』（大垣市編／二〇〇八～）
『図説 大垣市史』（大垣市編／二〇一四）
『赤坂町史』（赤坂町史編纂委員会編／一九五三）
『墨俣町史』（墨俣町史編纂委員会編／一九五六）
『上石津町史』（上石津町編／一九七五～）
『新修上石津町史』（新修上石津町史編集委員会編／二〇〇四〉
『大垣のあゆみ　市制七十年史』（大垣市編／一九八八）
『大垣市制90周年記録集』（大垣市企画部秘書広報課編 ／二〇〇九）
『大垣輪中調査報告書』（大垣市教育委員会編／一九八八）
『土地改良史 上石津町』（上石津町役場農業振興課編課編／一九八七）
『史料にみる上石津の歩み』（上石津町教育委員会編／一九九〇）
『上石津閉町記念町勢要覧二〇〇六　里山ルネッサンス～自然とともに生きる喜び～』（上石津町地域政策室編／二〇〇六）
『すのまたのあゆみ』（すのまたのあゆみ編集委員会編／一九八二）
『写真で見る明日のすのまた』（墨俣町制一〇〇周年記念写真集編集委員会編／一九九四）
『墨俣町百十一年のあゆみ』（記念誌編集委員会編／二〇〇六）
『保育史　40年のあゆみ』（大垣市立園長会編／一九八八）
『興文小創立一七〇周年記念誌』（興文小学校／二〇一一）
『すのまた　創立百周年記念史』（安八郡墨俣小学校百周年記念事業委員会編／一九七三）
『大垣商工会議所百年史』（創立一〇〇周年記念事業特別委員会編／一九九三）
『日本合成化学工業株式会社五十年史』（日本合成化学工業株式会社編／一九八〇）
『西濃運輸50年史』（西濃運輸50年史編纂委員会編／一九九七）
『養老線開通70年のあゆみ』（近畿日本鉄道西大垣駅／一九八三）
『五十年のあゆみ』（岐阜乗合自動車社史編集委員会編／一九九四）
『千紫万紅　矢橋家 』（藤田聡編／二〇一四）
『大垣祭の軸行事』（大垣祭保存会編／二〇一六）
『図説西濃の歴史』（吉岡勲・清水進／一九八五）
『大垣いまむかし』（清水春一・山田賢二／一九八八）
『目で見る西濃の一〇〇年』（太田三郎／一九九二）
『西濃の今昔』（清水進／二〇〇八）
『ふるさと大垣』（清水進／二〇一一）
『大垣市住宅明細地図』（笠原秀介編／一九五八）
『ゼンリンの住宅地図　大垣市（昭和35年版以降）』（日本住宅地図出版、善隣出版社／一九六〇～）
『角川日本地名大辞典（21）岐阜県』（「角川日本地名大辞典」編纂委員会／一九八〇）

＊このほかに各自治体の要覧や広報誌、新聞記事、住宅地図、ウェブサイトなどを参考にしました。

写真取材
岸 雄一郎
装幀・DTP
伊藤道子
編集・制作
櫻井 京
三輪由紀子　藤谷世津子　加納麻理　永井有加
販売企画
高垣栄司（株式会社樹林舎出版販売）

写真アルバム　**大垣市の昭和**

2018年3月10日　初版発行
発 行 者　山田恭幹
発 行 所　樹林舎
〒468-0052　名古屋市天白区井口1-1504-102
TEL: 052-801-3144　FAX: 052-801-3148
http://www.jurinsha.com/
発 売 元　岐阜県教販株式会社
印　　刷　株式会社太洋社
©Jurinsha 2018, Printed in Japan
ISBN978-4-908436-17-8 C0021
＊定価はカバーに表示してあります。
＊乱丁・落丁本はお取り替えいたします。
＊禁無断転載　本書の掲載記事及び写真の無断転載、複写を固く禁じます。